*Más allá
del portal*

Más allá del portal

La autobiografía de
Mabel Bailey Willey

Mabel Bailey Willey
con Mary R. Wisehart

Casa Randall de Publicaciones
114 Bush Road
Nashville, Tennessee 37217

Ilustración de la Portada: Elizabeth M. Karounos
Composición y diseño: Keith Fletcher
Traducción: Sysy Constam
Editora del español: Lucy Lima Hyman

Publicado en inglés bajo el título, "Beyond the Gate:
The Autobiography of Mabel Bailey Willey", por Randall House
Publications. Traducido y publicado por Casa Randall de
Publicaciones, 114 Bush Road, Nashville, Tennessee 37217

© 1998
Casa Randall de Publicaciones
Nashville, Tennessee 37217
Impreso en los EE. UU.de AA.

Derechos reservados en todos los países. Prohibida la
reproducción total o parcial de esta obra sin la debida
autorización escrita de los editores.

ISBN: 089265-6905

Contenido

Introducción		 1
Prefacio		 5
Capítulo	*1*	Aventurándome más allá de la cerca. 7
Capítulo	*2*	Aquel hogar hermoso 9
Capítulo	*3*	Un final y un comienzo 17
Capítulo	*4*	Otro amor. 23
Capítulo	*5*	Preparación para el servicio 27
Capítulo	*6*	Mi primera experiencia misionera. 41
Capítulo	*7*	Aprendiendo a amar a los latinos 45
Capítulo	*8*	¡Pero yo no te amo! 49
Capítulo	*9*	Luna de miel en Miami. 57
Capítulo	*10*	Conociendo a los bautistas libres 69

Una temporada en High Point
Hacia Durham

Capítulo	*11*	Panamá: Lodo y estrellas. 75
Capítulo	*12*	Cuba: El toque y la dirección de Dios. 91

Cinco casas en Cuba
Más siervos para el ministerio cubano
Capacitación de futuros misioneros
Educando a mis hijos
El sermón de Tommy y la respuesta de Bárbara
El milagro de Tommy
Un colegio milagroso
La maravilla del agua
¡Revolución!

Capítulo 13   Encontrando al Dios de toda consolación 127
La enfermedad y muerte de Thomas
El cáncer es cruel

Capítulo 14   Panamá bajo otra luz (1970-1980) 139
Calor en Japón, país frío
El Poder de Dios en Panamá
Vuelo a Israel (27 de febrero al 5 marzo de 1980)
Saliendo de Panamá

Capítulo 15   Visitando Cuba nuevamente 159
1977: Primer viaje
1982: El viaje del cuadragésimo aniversario
1987: Viajando a la convención con Tom
1988: Reinauguración de Los Cedros del Líbano
1993: La Convención Nacional Cubana
de los Bautistas Libres

Capítulo 16   En el resplandor 167

Epílogo 169

Introducción

Mi tributo a la Sra. Mabel Willey

Esta es la historia de la misionera Mabel Willey y usted está a punto de embarcarse en un viaje con ella y compartir sus aventuras con el Señor. A mediados del mes de enero de 1998 ella dejó este mundo para pasar por el portal que lleva hacia la vida eterna en presencia del Señor. Los siguientes datos son algunas anécdotas que ella jamás habría elegido compartir con otros o publicar. En el Instituto Bíblico Bautista Libre de Nashville, Tennessee cundía gran emoción pues la Sra. Willey, misionera a Cuba, tendría a su cargo el mensaje durante nuestra conferencia misionera anual. Todos anticipábamos momentos de gran bendición.

Esa mañana, cuando la bella dama de gran estatura subió a la plataforma con un aire de dignidad y con gran porte, nos mantuvo a todos cautivos y pendientes de cada palabra. En un instante nos tenía a todos riéndonos a carcajadas, y al siguiente estábamos llorando junto con ella.

Nunca olvidaré su testimonio sobre la choza de adobe en Panamá y el cual sería el hogar de la familia Willey junto con sus dos hijos pequeños. Sentada afuera de su choza en un tronco, arregló asuntos con el Señor, subyugando sus deseos de tener una casa bella ante Aquel quien había dado Su vida por la de ella. Después de las lágrimas y su oración, una gran paz llenó su corazón y cuando volvió a entrar a su choza con sus pisos de tierra, animales indeseables e insectos, le pareció una gran mansión. A través de sus años en el campo misionero, nunca tuvo que regresar a aquel "tronco". Sin importar cuán rocoso era el camino que debía tomar o cuán

1

alta la montaña a escalar o cuán violentos los mares a cruzar, nunca más volvió a enfrentar a Dios con dudas.

De esa manera, ella se convirtió para mí en un gran ejemplo de fe invencible. Muchas veces me pregunté cómo era que ella y su familia podían subsistir con los $150.00 que recibían de la Junta de Misiones, pero Dios siempre suplía sus necesidades.

La Sra. Willey poseía un gran corazón lleno de compasión, sabía amar a todo el mundo, y como consecuencia, era amada por todos los que la conocían. Recordándola, me di cuenta que nunca la oí hablar mal de nadie y en el seminario en Cuba todos los alumnos eran tratados como si fueran sus "hijos". Si necesitaban de alguien que los consolara o que los aconsejara en cuanto a algún problema, acudían a la Sra. Willey o a "La Señora", como todos la llamaban cariñosamente. Ella siempre tenía tiempo para escuchar a los que necesitaban desahogarse o para atender a los que estaban enfermos. En cierta ocasión, mientras caminaba apresuradamente a través del naranjal hacia el dormitorio de los jóvenes en donde uno de "sus hijos" estaba enfermo, se cayó y se fracturó la pierna; pero mientras se acostumbraba a caminar con muletas y yeso, jamás la escuché quejarse por su situación.

Cuando surgía una crisis, la Sra. Willey siempre la enfrentaba con gran calma y serenidad. En tiempos duros y difíciles, todos acudían a ella. Ella siempre parecía tener la respuesta a todo. En otra ocasión, la hijita de dos años de su hijo Tommy se tragó un pedazo de un juguete y se le trabó en la garganta. Tommy agarró a su hijita Alicia y corrió a la casa de su mamá subiendo la colina a unos cuantos metros, y como siempre, el pedazo de juguete trabado se deslizó de la garganta de la niña y Alicia estuvo fuera de peligro.

Los talentos de la Sra. Willey eran muchos, pues sabía tocar el piano, cantaba sólos, conducía la música para los

Introducción 3

servicios, dirigía coros, y cuando era necesario, daba el servicio o estudios bíblicos y enseñaba en el Seminario. Yo la vi hacer todas estas cosas y muchas más, pero cuando alguien más estaba disponible para esas tareas, ella gustosamente entregaba esa responsabilidad a otra persona.

Mi familia y yo siempre contamos con su apoyo para todo. Mi esposo, Félix Lima, estaba empezando una iglesia en la Habana, a unas cuantas horas de donde vivían los Willey. Yo estaba embarazada con nuestro primer bebé y no estaba muy bien de salud, y al mismo tiempo, a mi esposo le dio el sarampión y el médico le ordenó reposo y quedarse en cama. Unos cuantos días después, la Sra. Willey se apareció en nuestra casa para ayudarnos y cuidarnos. Ella sabía cómo enfrentar cada situación y encargarse de ella con facilidad y gran habilidad. Recuerdo muy bien, hasta el día de hoy, la cena deliciosa que preparó en nuestra propia cocina.

Unos meses después se encontraba junto a mi esposo cuando oyeron el primer llanto de nuestra hija Marilyn.

Aún cuando nosotros salimos de Cuba para ir a trabajar al sur de Texas, ella siempre se mantuvo en contacto, y cuando Félix se estaba muriendo de cáncer en el cerebro, vino a estar con nosotros durante las últimas dos semanas de su vida. Yo estaba instalada en el hospital y ella se encargó de quedarse en mi casa cuidando y consolando, con muchísimo amor, a mis dos hijas.

La noche después de la muerte de mi esposo, yo estaba en mi cuarto pensando y descansando y la Sra. Willey entretuvo a mis hijas y a otros amigos que estaban dando el pésame contándoles muchas de sus anécdotas personales. Yo podía oír a todos riéndose a manera que ella producía un poco de consuelo del dolor en sus corazones.

Después, cuando Dios puso al Dr. Irvin Hyman en mi camino y nos casamos, la Sra. Willey vino a visitarnos en nuestra casa en Georgia. Ella se regocijó mucho al ver que mis días de invierno se habían convertido en primavera y mi corazón quebrantado había sido sanado.

La Sra. Willey nació en Alabama, pero se mudó a Atlanta cuando estaba en el quinto curso de la secundaria, por lo que nosotros, que vivimos en Georgia, decimos que fue nuestra misionera; pero la verdad es que fue misionera de todos. Aunque ella ya no se encuentra presente entre nosotros, yo no puedo pensar en ella como muerta. Mas bien, en mi mente puedo imaginar a los ángeles yendo a traerla para cruzar el Río, y a manera que sus pies tocan las orillas de él, cientos de parientes y amigos la esperan con grandes gritos de gozo. Este es su día de la gran graduación y recibe sus recompensas. Casi me parece oírla exclamar, en su manera tan drámatica, sobre las bellezas del Cielo. Y hasta me parece verla conforme coloca sus coronas ante los pies con cicatrices por clavos, de Aquel que tanto amó y sirvió.

"La Señora" Willey siempre vivirá en los corazones de aquéllos que contaron con el privilegio de conocerla y amarla.

Ella se pasó a través del portal de lo conocido y de la comodidad, hacia el camino que Dios tenía para su vida, y en el camino encontró la provisión de Dios en cada paso tomado. Su mayor deseo sería que el lector, percibiendo cuánto la bendijo Dios, pudiera sentirse alentado a pasar a través del mismo portal y andar lleno de gozo en el camino de Dios para su vida.

−Lucy Hyman
Albany, Georgia
1998

Prefacio

Cada vez que la Sra. Willey contaba sus aventuras sobre la boda en Atlanta, el tronco en Panamá o el molino de viento en Cuba, sus oyentes siempre le decían: "¿Por qué no publica un libro con sus historias?"

Debo admitir que yo pasé mucho tiempo insistiendo que lo hiciera, con gran temor a que no llegaría a hacerlo; y finalmente ella decidió que yo sería la persona adecuada para la recopilación de sus anécdotas.

Nuestra tarea empezó en 1995 y finalizó justo antes de su muerte en 1998.

Las historias provienen de diarios, apuntes, cartas y entrevistas personales con ella. Me he propuesto dejar que sea ella la que cuenta las historias en sus propias palabras y desde su propia perspectiva. Estoy convencida que su mayor deseo hubiera sido que el lector hallara la gloria y la gracia de Dios en cada vuelta del camino.

—*Mary R. Wisehart*

Capítulo 1

Aventurándome más allá de la cerca

"¿Qué hay más allá de la cerca?", preguntó la niña parándose de puntitas y echando un vistazo a través de las barras de metal. Mi mami siempre me dice: "No pases por la cerca, no te salgas de la cerca". Ella podía ver el camino, el llano y el cielo. No hay nada que temer, pensó y estrechando su manita lo más alto que podía y con un esfuerzo adicional, logró alcanzar el pestillo y el portal se abrió de golpe.

Primero, por unos instantes, contempló la verja abierta y la calle frente a ella. Casi podía oír la voz de su mamá diciéndole: "No te salgas de la cerca". Su mamá la había dejado a cargo de W. C., su hermano mayor, pero él no estaba por ninguna parte. Un sólo paso la llevaría más allá del portal. ¡Ahora! Y así de rápido estaba afuera. ¿Qué aventura emocionante le esperaba? Primero se acercó a la calle y vio algo fascinante.

Acercándose a ella venía una carroza con caballos muy grandes y dentro de la carroza iban un hombre y una mujer. Su apariencia era distinta y su ropa de colores vivos le llamó mucho la atención. De pronto la carroza se detuvo junto a ella y el hombre le dijo a los caballos que se detuvieran.

A lo mejor estaban pensando que qué hacía una niñita de tres años parada y solita en la calle.

Aunque la niñita no pudo entender lo que le decían pues su manera de hablar era distinta a la de ella, entendió que le estaban ofreciendo un viaje en la carroza. ¡Sí! Eso sería emocionantísimo. La mujer la cargó y la sentó en la carroza y el hombre movió las riendas y la carroza empezó a moverse.

7

Aunque estaban alejándose de la casa y de la seguridad que ofrecía el portal, la niña no tenía miedo. Estaba encantada por el idioma distinto, la ropa de colores vivos, la joyería y el pelo y ojos oscuros de la mujer. Para los oídos de la niñita, las pisadas de los caballos y el ruido de las ruedas y el rechinar de la carroza formaban un ritmo muy agradable. Ella se había embarcado en una gran aventura.

En las alturas de la carroza podía ver todo de manera diferente. ¡Qué maravilla!

En la casa tras la cerca, Papá y Mamá habían notado que la niñita no estaba por ninguna parte y notaron que el portal estaba abierto. ¡La niñita había desaparecido! Llenos de temor llamaron a sus vecinos y empezaron a buscarla por todas partes. Cuando no pudieron encontrarla por ninguna parte en el vecindario, llamaron a la policía.

Para entonces, la carroza ya iba rumbo a las afueras de la ciudad.

Cuando los papás alcanzaron a la carroza encontraron a la niñita sentada felizmente en las piernas de la mujer gitana y disfrutando de las vistas sin temor alguno.

Yo, Mabel Bailey, era esa niñita. Aunque no recuerdo conscientemente este incidente, mis padres me han contado muchísimas veces la historia de cuando unos gitanos trataron de robarme.

Desde esa vez, me he movilizado muchas, muchas veces más allá del portal que encierra la seguridad de mi familia y mis amigos. Pero esta vez mis viajes han sido con mi mano en la mano de Dios y han sido llenos de aventuras benditas en Su servicio.

Dios me ha dado oportunidades de servicio, abriendo mis ojos para recibir Su poder y gloria, y presentándome ante algunos de Sus siervos más amados y me ha guiado en todos mis caminos de manera maravillosa en Canadá, Panamá, Cuba, Japón, Europa y en los Estados Unidos.

Vengan, únanse a mí y volvamos a visitar algunas de mis aventuras con Dios.

Capítulo 2

Aquel hogar hermoso

"¡Ay, ay, ay! Casi le pegaste la pared esta vez", dijo Bill a medida que me levantaba de la alfombra persa muy cara de mi mamá. El piso de madera del corredor muy largo que llegaba hasta la antesala era demasiada tentación como para poder resistirla. Mis hermanos W.C., Bill y yo solíamos acumular todas las alfombras que decoraban el corredor, escoger una y deslizarnos por el piso de madera tan resbaloso; y por supuesto que lo hacíamos después de que Mamá salía de la casa y siempre poníamos todo en su lugar para que no se diera cuenta. Ella nunca nos pescó haciéndola de las nuestras, pero creo que sabía que nos divertíamos muchísimo. ¡De esa manera le ayudábamos a mantener los pisos bien lustrados!

Mi mamá se llamaba Mabel Star King Bailey y era muy inteligente, muy elegante y pudorosa, bastante disciplinada y responsable. Era alta y delgada y era una ama de casa inmáculable y perfeccionista. Ella exigía que todos los niños que entraban por la puerta trasera, incluyendo los suyos, se quitaran los zapatos antes de entrar a la casa, y en algunos cuartos de la casa, nunca nos permitió jugar ni entrar cuando éramos chiquitos.

Un día yo le dijo a mi mamá: "Mami, cuando yo me case y tenga mis propios hijos yo nunca los voy a tratar de la manera que tu nos has tratado. Ellos tendrán permiso de entrar por cualquier puerta y podrán jugar en cualquier cuarto de mi casa".

Mi papá se llamaba Willis Bailey y era copropietario de un almacén de muebles para el hogar. Era dueño de nuestra casa y de otras propiedades que rentaba en la ciudad de Huntsville. Mi papá era una persona muy amigable y amorosa. Yo era muy apegada a él, quizá porque yo era la única mujercita.

Recuerdo que cuando mi papá llegaba a la casa en la tarde y entraba por la puerta yo dejaba aquéllo con lo que estaba jugando y corría a saludarlo.

"¡Papi, Papi, al fin llegaste! ¡Ya llegaste!" El se agachaba, me cargaba en sus brazos y me daba un gran abrazo. Juntos nos hacíamos cosquillas y nos reíamos por un rato y luego él por lo general me decía: "Mete tu manita en mi bolsillo". Yo metía mi manita en el bolsillo de su chaqueta simulando no saber porqué lo hacía, mientras que él se carcajeaba al ver los ojotes que yo hacía cuando buscaba lo que estaba dentro del bolsillo. Dentro de él había un juguetito, un dulcito o un centavo. Yo me pasaba todo el día esperando la llegada de mi papá a la casa, pues él siempre me traía algún regalito.

Yo nací el viernes 13 de junio en 1905. Fui el segundo bebé de esta familia tan bella que vivió en Huntsville, Alabama. Mi papá, mi mamá, mis dos hermanos y yo vivíamos en una casa grande y confortable con pisos de madera. La casa era hermosísima. Tenía un cuarto muy amplio que era especialmente para recepciones y al lado derecho de éste había una sala para recibir visitas. Recuerdo muy bien el comedor y una despensa muy grande en la cocina. Mi mamá solía llenar la despensa con comida enlatada, pepinillos y jaleas de distintas frutas. "¡Mmm! El olor de aquellas tortas, galletas y pasteles era exquisito". Mamá siempre tenía algo recién horneado y listo para darle a un niñito hambriento.

"¡Mabel!, estás llena de jugo de tomate en tu barbilla y te chorreaste todo tu vestido".

"Pues tu tampoco estás muy limpito que se diga, Bill Bailey", le contestaba a mi hermano mayor.

A nosotros, los niños, nos encantaba el jardín trasero en donde podíamos jugar y brincar y gozarnos a todo dar. Papá se encargaba de mantener un huerto bien cuidado cada año y nosotros nos dedicábamos a recoger tomates y comérnoslos de inmediato. A nadie le importaba chorrearse la ropa con el jugo que nos corría de la boca, hacia la barbilla y hacia abajo sobre la ropa.

Más allá del huerto estaba el establo para nuestro caballo y para guardar el carruaje.

Yo tenía un lugar muy especial en el jardín trasero, una casa de muñecas bajo las ramas del gran sauce. El olor de guisantes creciendo en el arborio junto a la casa era delicioso. Entra a mi casa y mira qué linda es. No tengas pena, puedes pararte sobre las alfombras persas. Siéntate en la silla y admira las cortinas adornando las ventanas. ¿No te parecen muy elegantes? Mi papá me construyó esta casita y la amuebló con muestras de los muebles que vende en su almacén.

Todas mis muñecas vivían y dormían en esta casa. Yo solía correr a despertarlas cada mañana y todas las noches las acostaba con gran ternura y les deseaba felices sueños. ¡Me fascinaba mi casita de muñecas tan linda!

"¡Tengan cuidado! Allí vienen de nuevo". A mis hermanos W. C. y Bill les encantaba jugar pretendiendo ser indios salvajes y lo que más gozaban haciendo era rodeando mi casa de muñecas, atacándola y ensuciándola.

"¡Miren lo que hicieron!", les diría yo y luego correría a donde estaba mi mamá. Por supuesto que siempre poníamos todo de regreso en su lugar, pero yo me quedaba resentida con mis hermanos y me costaba mucho trabajo perdonarlos por desarreglar mi casa tan linda. Lo que la hacía tan especial era que mi papá me la había construido especialmente para mí y la había amueblado con los muebles de su almacén. También me encantaba porqué era hermosa. Me encantaba tener una casa hermosa y desde ese entonces decidí que algún día tendría una casa tan hermosa como mi casita de muñecas.

W. C., mi hermano mayor, se enlistó en el ejército y fue enviado a defender la patria duranta la Primera Guerra Mundial y debido a eso no lo llegué a conocerlo muy a fondo en esos días.

Durante los veranos, Papá nos llevaba a acampar a las orillas del Río Tennessee y fue allí que aprendimos a nadar. Aunque mi hermano Bill era dos años menos que yo, nos llevábamos muy bien y éramos muy unidos. Yo trataba de copiar todo lo que él hacía y competíamos jugando tennis y golf. Si él se lanzaba al agua del trampolín más alto, yo hacía lo mismo. Mi vida siempre fue muy emocionante.

Mis hermanos y yo, junto con los demás niños de la vecindad, siempre andábamos en busca de aventuras. Las montañas y las cuevas que rodeaban la ciudad de Huntsville proveían una invitación continua para la exploración.

"Ven Mabel, nunca hemos entrado a esta cueva".

"Pero Bill, la entrada es muy estrecha".

"Sí, ya sé. Tendremos que arrastrarnos para entrar. Ven, vamos".

Y junto con los demás niños y niñas yo también entré a la cueva arrastrándome sobre mi estómago. La verdad es que nunca comprendí cómo era que mi mamá me dejaba jugar de esta manera con los demás niños, aunque nunca enfrentamos ningún peligro durante nuestras exploraciones. Solamente nos gozábamos siendo aventureros y con lo emocionante que era conocer lugares nuevo y desconocidos.

Junto a la diversión, el amor y todas las aventuras que abundaban durante esos años de niñez, también contábamos con un gran énfasis en el lado espiritual de la vida. Nuestra familia honraba a Dios y todos éramos miembros de la Primera Iglesia Metodista de Huntsville. Nuestra iglesia era como la típica iglesia metodista de la época. Contaba con personas que siempre decían "Amén" y que se sentaban en la misma esquina y durante los servicios todos los feligreses nos gozábamos y alabábamos al Señor. La iglesia era dinámica y siempre viva.

Mis padres eran miembros muy activos y siempre íbamos a la iglesia todos los domingos, además de participar y ser parte activa de todos los departamentos dentro de la iglesia. La iglesia formaba parte central en la vida de mis padres, mis hermanos y yo. Una vez al año nuestra iglesia planeaba un avivamiento espiritual.

El servicio de avivamiento especial para mí fue en 1917 cuando tenía 12 años. Recuerdo muy bien que el predicador parecía estar dando su mensaje especialmente para mí, mencionando cada problema en mi vida. El Espíritu Santo me estaba moviendo profundamente, compungiéndome a entregar mi vida al Señor. Cuando el pastor dio la invitación, yo me levanté y caminé hacia el altar, donde le entregué mi vida al Señor Jesucristo. Ese fue el mejor paso que he tomado en toda mi vida.

Me siento muy agradecida por tener una madre y un padre tan amorosos que guiaron mis pasos y mi vida por todo el tiempo que los tuve vivos. Se encargaron de que contara con capacitación espiritual, compañerismo y amistad con otros cristianos. Su interés me dio la oportunidad de llegar a conocer íntimamente al Señor Jesucristo.

Otro gran don que recibí de mi iglesia fue una maestra de la Escuela Dominical muy dedicada y entregada a Dios. Era una mujer muy sabia que nos guiaba a tener discusiones sobre los detalles de nuestras vidas diarias, nuestras decisiones y preferencias.

Recuerdo muy bien una de estas discusiones que fue de gran significado para nuestra maestra. Estábamos discutiendo el tema del baile en clase y nadie pudo llegar a una conclusión concreta para decidir si debíamos bailar con varones o no.

Yo dije enfáticamente: "¡No hay nada malo con el baile!". En ese entonces a mí me encantaba bailar y mis padres lo permitían. Su única condición era ésta: "Si vas a bailar, lo vas a hacer en tu propia casa". Y los pisos de parqué eran ideales para ponerse a bailar.

Esa mañana, durante la Escuela Dominical, mi maestra, siendo una mujer muy sabia me dijo en una voz suave y gentil: "Me gustaría hacerte una prueba".

"De acuerdo", contesté sintiéndome muy segura de que pasaría cualquier prueba que ella mi hiciera.

"Cuando estés bailando con este muchacho el viernes por la noche, quiero que le preguntes que si conoce personalmente al Señor. ¿Le podrías preguntar que si ya es salvo?"

"Claro que sí, por supuesto que platicaré con él", le contesté y todos los demás en la clase estuvieron de acuerdo.

Y tal como lo había acordado, el próximo viernes en la noche, traté de platicar con mi pareja sobre el Señor, pero no pude. Las palabras no me salían de la garganta y sencillamente no pude hacerlo.

Y en ese momento me dije a mí misma, "bien, si no puedo llevar a Jesús conmigo adonde yo vaya e incluirle en todo lo que hago, tal vez no debería estar haciéndolo". Nunca he podido olvidar esa experiencia ni esa prueba de mi maestra. Después de confesarle a mi maestra mi derrota nunca más volví a bailar. Esa fue la última vez que lo hice.

En la Primera Iglesia Metodista, esa fue la clase de enseñaza que siempre recibimos. ¡Le estaré agradecida a Dios de por vida por haberme hecho parte de una iglesia tan devota y entregada a Su servicio!

Otro suceso que ocurría con frecuencia eran sesiones de oración para orar por peticiones especiales. Recuerdo vívidamente una experiencia que mi mamá tuvo durante una de estas sesiones de oración. Eran las 11:00 de la mañana y los miembros de la iglesia estaban orando por un avivamiento. Mi madre dijo que lo que ella sentía que el Espíritu de Dios la estaba mandando a hacer era levantarse y salir de la iglesia e ir a visitar a un amigo de la familia que era abogado y que tenía sus oficinas frente a la iglesia, al lado opuesto de la calle. El Espíritu Santo le dijo clara y fuertemente que quería que le hablara a ese abogado testificándole sobre el Señor. Sus primeras impresiones fueron: "¡Qué ridículo sería presentarme en su oficina a estas horas del día! Por consiguiente decidió que no podía hacer eso e hizo todo lo que pudo para no hacerle caso a la guía del Espíritu Santo y más bien se fue a casa a preparar el almuerzo. Cuando mi papá regresó del almacén esa tarde, todos notamos que estaba aturdido.

"Willis, ¿qué pasó? ¿Sucedió algo?"

"Sí, se trata de mi amigo el abogado", contestó mi papá, "se acaba de suicidar".

Yo no siempre he sido obediente a la voz del Espíritu Santo, pero desde lo ocurrido ese día y hasta el día de hoy, siempre he tenido un gran temor de entristecer al Espíritu Santo de Dios. Cuando El me pide que hable o que haga algo, procuro hacerlo siempre y obedecer Su guía. Esa experiencia de mi mamá nunca se ha apartado de mí y ha permanecido conmigo para siempre. Ella, a consecuencia de su decisión, creo que nunca pudo en realidad recuperarse de su falta de obediencia al Espíritu Santo.

Otro ejemplo que mis padres siempre me dieron, fue considerar a los demás antes que considerarse uno mismo. En nuestra casa teníamos una tradición durante la época navideña que siempre practicábamos. El día antes de la Navidad, mi papá traía a la casa niños que no tenían nada para celebrarla y bajo el árbol, bellamente decorado y lleno de adornos, cada niño o niña encontraba un regalo y a cada uno le dábamos una bolsa llena de frutas, galletas, golosinas y regalitos. Yo recuerdo lo emocionada que me sentía, aún siendo una niñita, anticipando la llegada de los niños para entregarles sus regalos. Me daba una gran emoción ver cómo abrían sus regalos y me sentía muy agradecida de no ser la única recibiendo regalos para la Navidad. Los padres de estos niños, que no tenían dinero para comprarles regalos, también compartían en el gozo de la Navidad de esta manera. Después de que los niños se iban, mi mamá limpiaba la casa y todos nos íbamos a acostar, esperando la visita de Santa Claus. Esos recuerdos de la fiestas del día antes de Navidad, forman parte de los tiempos más alegres en nuestra familia. Y las acciones de mis padres me enseñaron una gran lección, una que ha permanecido conmigo hasta este día. "Para los demás, Señor, sí, para los demás".

Cuando aún era muy chiquitita mis papás me dijeron que me habían dedicado a Dios y Su servicio desde antes de nacer. Aunque no recuerdo los detalles de esa dedicación, el sólo hecho de saber que así fue, me ha ayudado a moldear mi vida de acuerdo a esa promesa dada a Dios. Esa dedicatoria es otra de esas grandes impresiones que dejaron como legado en mi vida mis padres.

Cada vez que pienso en mi casa y mis años en la ciudad de Huntsville, siempre pienso en refugio, protección y apoyo recibido. Fui muy, muy feliz y sabía, sin lugar a dudas, que era muy, muy amada.

Cuando tenía 13 años sucedió algo en mi vida que cambió por completo su rumbo. Aunque debido a ese cambio, sufrí las consecuencias, la mano de Dios siempre ha estado conmigo en todo lo que ha ocurrido en mi vida y en todos los planes que he hecho. Lo único que El estaba haciendo era presentando ante mis ojos la siguiente aventura para mi vida.

Capítulo 3

Un final y un comienzo

En el año de 1918 mi amado padre cayó enfermo con diabetes, y en esos días el pronóstico era de muerte. Sus últimos días los pasó en cama y aunque yo no entendía todo lo relacionado a la muerte, me llené de temor en mi corazón al verlo tirado en la cama. Yo podía darme cuenta que se estaba consumiendo poco a poco. Mi papá siempre había sido un hombre alto y bien erguido, muy guapo y amigable, ahora se encontraba acostado en la cama, adolorido y constantemente pidiendo cosas dulces. Ahora contaba con un deseo intenso por azúcar o cosas dulces, y yo tenía prohibido darle cualquier alimento que fuese dulce. Lo que más me dolía era que recordaba todo el tiempo las veces en que él me había traído dulces en los bolsillos de su saco y ahora yo lo estaba decepcionando, negándole aquéllo que deseaba y siendo dura con aquel que siempre había tenido algo que darme a mí.

Un día mi papá me llamó y conforme estaba parada junto a su cama en silencio fijó su vista en mi cara. Yo creo que lo que estaba haciendo era que se estaba memorizando mi rostro en su mente; se estaba imprimiendo en su memoria la curva de mis cejas, el rubor de mis mejillas y las líneas de expresión diminutas que tenía alrededor de la boca. De repente se sonrió y elevó sus manos hacia mí. A medida que yo sostuve su mano me dijo con voz débil: "Mi hijita querida, cuánta lástima me da dejarte". Y esas fueron las últimas palabras que escuché decir a mi papá.

Murió en diciembre y fue enterrado dos días después de la Navidad. ¡Qué duro es aceptar la muerte de alguien tan querido! A través de las ceremonias y camino al cementerio yo me sentí totalmente aturdida. Finalmente, el vacío y el dolor de su partida se apoderaron de mi. Mi bello papi, el amor de mi vida, mi primer amor, estaba muerto. No sabía cómo iba a sobrevivir sin su amor, su guía y su protección. Pero Dios supo utilizar esta gran pérdida y ese gran dolor para cambiar mi vida y nutrirme espiritualmente y ayudarme a madurar en el Señor.

Los primeros años después de la muerte de mi papá, nos quedamos en Alabama y mi mamá logró proveer para todos nosotros bastante bien. Teníamos comida en abundancia y nuestra apariencia siempre era inmaculada. Pero, ¡qué falta me hacía mi queridísimo y gentil papi!

Después de unos años de tratar de mantener unida a la familia y proveer para nosotros sin contar con mi papá, mi mamá empezó a sentir la presión y lo difícil que era hacer eso. Ella tenía dos hermanas y tres hermanos, todos a excepción de un hermano, vivían en Atlanta, Georgia y decidió que lo mejor para nosotros era mudarnos más cerca del resto de nuestros parientes.

Yo creo que mi mamá nunca logró entender lo devastadora que fue esta mudanza para mí. Era mi último año en la secundaria, el quinto de bachillerato y tenía muchísimos amigos. La falta que me hacían mis amistades fue increíble, y además, yo deseaba muchísimo compartir con ellos este último año en el colegio. Huntsville era una ciudad relativamente pequeña y, para mí, Atlanta era una ciudad muy grande y el ajuste emocional fue muy difícil. Además, y para empeorar la situación, tuvimos que abandonar gran parte de la propiedad que mi padre nos había dejado al abandonar Alabama. No sé cuáles fueron las estipulaciones legales, pero el hecho de que nos mudamos a otra ciudad, no permitió que recibiéramos ayuda de la herencia de mi padre, y como consecuencia, perdimos casi todito lo que poseíamos. Nunca más podríamos tener el

Un final y un comienzo 19

mismo estilo de vida al que habíamos estado acostumbrados en Alabama.

Mi hermano. W. C. había regresado después de su servicio militar y la guerra, pero había regresado herido y no podía trabajar para ayudarnos. Lo único que podíamos hacer para que mi mamá no tuviera que trabajar, era ir a trabajar nosotros. Y así fue que mi hermano Bill y yo empezamos a trabajar.

Mi papá había soñado con enviarme a Agnes Scott College, la mejor universidad de Atlanta en aquel entonces. En lugar de eso, a la edad de dieciseis, me econtraba buscando trabajo. El Señor me guió a responder a un anuncio en el periódico para una asistente dental en la oficina de un dentista en Atlanta y no hay duda que Dios me estaba dirigiendo, pues en la oficina trabajaban dos dentistas, y los dos eran cristianos. En aquel entonces, puesto que ya no contaba con mi papá, necesitaba el apoyo y la guía de varones cristianos en mi vida. El Dr. Walter White y el Dr. Raymond Powell se convirtieron como en mis padres en los cuatro años que trabajé para ellos. Llegué a quererlos muchísimo y no sé quién lloró más cuando dejé de trabajar allí, si ellos o yo, pero creo que fueron ellos.

Una vez en Atlanta, lo que más cambió mi vida fue encontrar la Iglesia Alianza Cristiana y Misionera. Esa iglesia fue un oasis de gran gozo y un sitio de gran adoracion al Señor. Fue allí que llegué conocer a Cristo como no lo había conocido antes. El pastor era el Dr. Ira David y tanto él como su esposa influyeron intensamente mi vida. Ambos eran bien educados, inteligentes y cristianos muy devotos. El Dr. David enseñaba la palabra de Dios y estaba convencido de que Dios podía hacer lo imposible. Y como resultado, muchas veces presenciamos a Dios haciendo lo imposible.

Todo se convertía en una razón para orar. Si había algún enfermo, los miembros tomaban literalmente el versículo que dice: "Si hay alguno enfermo entre vosotros, llamad a los ancianos para que oren por él". La oración y la hermandad eran lo más natural entre los miembros de la iglesia y nunca un espectáculo o un alarde. Juntos orábamos por gentes con necesidades específicas y muchas veces pudimos ver la manera milagrosa en que Dios respondió a nuestras oraciones. En aquel entonces, el Espíritu Santo se estaba manifestando de manera poderosa dentro de la iglesia, y teníamos un gran énfasis en cuanto a misiones. En los servicios para jóvenes se enfatizaba el llamado de Dios al campo misionero y las cartas de los misioneros enviadas a la iglesia mantenían sus necesidades y sus peticiones de oración ante los miembros de la iglesia para ser mencionados durante casi cada servicio. Yo recuerdo muy bien la mención de la recaudación de ofrendas para las misiones. El pastor mencionaría constantemente la necesidad de una ofrenda especial para misiones y en un domingo, designado con anticipación para recoger la ofrenda misionera, el pastor David colocaría una gran Biblia en el altar de la iglesia. Después de un mensaje muy dinámico sobre misiones, daría tiempo para la ofrenda y el coro cantaría himnos misioneros, que tocaban el alma, y conforme uno a uno los miembros iban trayendo sus ofrendas al altar. En ocasiones vi a ciertas personas que no contaban con dinero para las ofrendas pero que depositaban en el altar, títulos de propiedades, joyas, y toda clase de cosas valiosas. Habían aprendido a dar sin medida para que el Evangelio pudiese ser llevado a todo el mundo.

Dentro de la iglesia existía un espíritu de servidumbre y la visión para las misiones era una visión mundial y no solamente la de enviar dinero. Los miembros estaban interesados en la evangelización de sus propias comunidades y cuando veían una necesidad, hacían lo posible por suplirla. Su concepto de las misiones incluía a sus vecinos y a aquéllos que vivían en el otro lado del mundo.

Este espíritu de testimonio y avivamiento enviaba con amor a los jóvenes de la iglesia hacia distintas áreas de la ciudad para tener "servicios en las calles". Durante éstos, algunos de los jóvenes daban sus testimonios mientras que otros cantaban o tocaban instrumentos. Cuando empezábamos a cantar, la gente empezaba a rodearnos y luego el líder, usando una caja como plataforma, daba un mensaje. Estos servicios eran tremendamente exitosos y efectivos pues muchísimas personas aceptaban a Cristo allí mismo en las calles de la ciudad.

A manera que yo participaba en estos servicios me percaté del vacío en mi corazón, pues sabía dentro de mí, lo que Dios deseaba que yo fuera e hiciera. A la misma vez, sabía que en mi vida espiritual yo no tenía poder y no contaba con libertad para testificar como deseaba hacerlo. Era demasiado tímida para compartir con otros lo que ardía dentro de mi corazón. Yo pude darme cuenta que Dios obraba intensamente en las vidas de los que me rodeaban y que ellos estaban totalmente entregados a El, y yo deseaba tener lo que ellos poseían, ¿pero cómo podía obtenerlo?

Un domingo en la tarde asistí a un servicio que estaba a cargo de un evangelista. Aún recuerdo su sermón hasta el día de hoy. El mensaje fue sobre Elías y la manera en que Dios lo llevó al cielo. Este evangelista describió la manera en que el manto de poder de Elías cayó sobre Eliseo y después explicó lo que el Espíritu Santo puede hacer con una vida que ha sido totalmente dedicada y entregada a Dios.

En ese mensaje pude verme a mí misma. Yo amaba al Señor y deseaba servirle, pero no tenía el poder necesario en mi vida.

"¿Hay alguno dentro de esta audiencia que siente que su vida está vacía? ¿Aunque está deseoso en servir al Señor sabe que no cuenta con el poder y la fuerza del Espíritu Santo?"

Conforme el coro iba cantando yo me escurrí a una esquina del altar y me arrodillé. Recuerdo que mi oración fue esta: "Señor, heme aquí. No puedo ofrecerte nada más que mí misma, es todo lo que tengo; pero deseo ese poder del Espíritu Santo en mi vida para servirte".

Capítulo 4

Otro amor

Era alto, de pelo oscuro, guapo, amable y gentil, justo el hombre que estaba buscando, igual a mi papá. A Carlton lo conocí en la época en que estaba trabajando en la oficina de los dentistas. No tenía duda de que él sería mi futuro esposo. Disfrutábamos de la compañía del uno al otro y teníamos muchas cosas en común. A él le encantaban los deportes y a mí me encantaba jugar tennis con él. A él le encantaba disfrutar de la naturaleza y juntos visitamos muchos de los parques públicos de Atlanta. Caminatas en el campo eran una forma de ejercicio y también una manera de pasar tiempo juntos. Uno de nuestros sitios preferidos para visitar era a Stone Mountain, los domingos por la tarde. Empacábamos los alimentos para un día de campo y luego nos íbamos a caminar por los caminos en los bosques alrededor del domo de granito, y sentados en la sombra platicábamos y platicábamos. Nos encantaba estar juntos. Seguro que Dios nos había hecho el uno para el otro.

Yo buscaba un hogar y una familia como la que había tenido en mi infancia y Carlton parecía ser el hombre ideal para mí, pues era amoroso, tierno, amable, comprensivo y siempre muy considerado. El me ofrecía seguridad y protección. Su devoción a mí parecía ser total y me había prometido ser un buen proveedor. De hecho, ya contaba con una muy buena posición como decorador de interiores y ambos deseabamos tener hijos. ¿Acaso no era él el hombre perfecto para mí? Bueno, casi perfecto.

Carlton siempre iba a los servicios del domingo por la mañana conmigo, pero su interés por la iglesia y asuntos espirituales parecía finalizar ahí.

"Carlton, ¿te gustaría acompañarme al servicio el domingo por la noche? Va a ser un servicio de oración muy especial para los jóvenes de nuestra iglesia".

"Este domingo no puedo, mi amor. Tal vez en otra ocasión".

Una noche cuando regresé de oír el mensaje de un misionero sentí la manera especial en que el Espíritu Santo había bendecido el servicio. Estaba llena de emoción de ver lo que el Señor estaba haciendo y a manera que trataba de compartir mi gozo y entusiasmo con Carlton, me percataba que en él no producía ningún interés, ningún deseo de aprender más, ningún deseo de participar más en la obra del Señor.

"Me agrada saber que disfrutaste mucho el mensaje". Carlton siempre era muy atento y ponía atención cuando yo hablaba pero parecía poner atención solamente porque era algo de importancia para mí.

"Cuando estemos casados", me decía a mí misma, "Carlton se involucrará más activamente en la iglesia".

Y a lo mejor Carlton pensaba dentro de sí mismo esto: "Cuando estemos casados, Mabel ya no estará tan involucrada en su iglesia".

Aún así, en una de nuestras caminatas empezamos a platicar sobre el matrimonio y decidimos que nos íbamos a casar. Yo estaba tan segura de que Carlton era el hombre para mí, que empecé a guardar cosas en un cofre para nuestro futuro hogar y fijé la fecha para la boda. Estaba estática de alegría por nuestros planes y el gozo y el amor por mi hombre ideal me consumía.

Pero dentro de mi corazón me acordé que mis padres me habían dedicado a Dios desde antes de nacer y en mi iglesia los mensajes eran fuertes, con un énfasis profundamente espiritual. Las visitas semanales de los misioneros de la iglesia

Otro amor 25

compartiendo sus experiencias emocionantes y abundantes espiritualmente en sus campos de ministerio, me conmovían en el alma. Sí, estaba muy enamorada de un joven con el cual deseaba casarme y sentía que no podía vivir sin él, pero Carlton no estaba profundamente interesado con la presencia de Dios en nuestras vidas. ¿Qué iba a hacer? Y fue así que mi dilema interno empezó.

Le doy gracias a Dios por poner en mi camino amistades y consejeros espirituales que oraron por mí. Mis amigos podían ver mi lucha y estoy segura de que oraron mucho por mí. Entre ellos estaban un pastor, su esposa y dos dentistas cristianos, orando por mi relación con Carlton.

¡Faltaban tres meses para mi boda! Imagínense la emoción que yo tenía anticipando ese día; pero Dios tenía otros planes. El día de Acción de Gracias, justo antes de la boda, un misionero en la India habló en nuestra iglesia. Yo siempre había tenido un interés especial en India y mi corazón se conmovió muchísimo conforme escuchaba su mensaje. Mis amigos y yo no queríamos que el servicio de esa noche terminara. Cinco de ellos decidieron venir a mi casa conmigo para tomar refrescos y compartir sobre el mensaje. Platicamos muchísimo y como a las once de la noche, antes de que todos se fueran a sus casas, sentimos que era la voluntad de Dios que oráramos antes de despedirnos.

Conforme estábamos orando, sentí la urgencia de decidir. ¿Escogería seguir el camino de Dios o mi voluntad? ¿Seguiría a Carlton o a Dios? Estaba en la encrucijada del camino de mi vida.

Nuestra sesión de oración se extendió y al amanecer aún estábamos orando. Cada uno estaba luchando con decisiones a tomar, decisiones que afectarían el resto de nuestras vidas para siempre. Yo pude distinguir claramente lo que Dios deseaba que hiciera, pero no tenía la fuerza para dejar a Carlton. Lo amaba muchísimo y en muchas maneras él parecía ser el hombre ideal para mí. Conforme amanecía, abrí mis ojos y de repente me pareció ver a mi Señor parado frente a mí. ¡Qué luz tan brillante! Sólo pude ver Sus pies, pero incliné mi rostro ante El.

En ese momento le dije: "Señor, a donde Tú me guíes, allí iré". En ese mismo instante, me llené de paz y gozo, pero también sabía que todavía no contaba con la fuerza para terminar mi compromiso con Carlton. "Señor, Tú sabes que yo no puedo hacerlo. Por favor, causa el rompimiento Tú mismo".

Unas dos semanas después, Carlton vino a verme y estaba un poco distante.

De repente me dijo: "He conocido a otra joven en donde trabajo y me he empezado a enamorar de ella, tenemos que aplazar la boda".

Yo le había pedido a Dios que El se encargara del rompimiento y sabía que esa era Su hechura. Sin embargo, me dolió tantísimo romper con él que me juré a mí misma que nunca me casaría. Tuve que dejarlo ir y nunca más volví a verlo.

"¿Ya no tienes tu anillo de compromiso en el dedo? Gracias a Dios". Mis amigos los dentistas estaban llenos de deleite tras la ruptura del compromiso.

"Mabel, sabemos que esto fue muy duro para ti, pero recuerda que el mar está lleno de peces". Mi pastor y su esposa me apoyaron fielmente durante esta época de dolor y me confortaron con su amor.

Después de esto, empecé a prepararme para el servicio misionero, pero, ¿cómo iba a abandonar a mi mamá? Ella había contado totalmente con mi hermano Bill y yo a través de los años para proveer lo necesario después de la muerte de mi papá. Pero Dios también tenía un plan para esa situación.

La casa de la familia Bailey en Huntsville, Alabama. Mabel y su hermano Bill de pie frente al portal por el cual Mabel salió y se la llevaron unos gitanos.

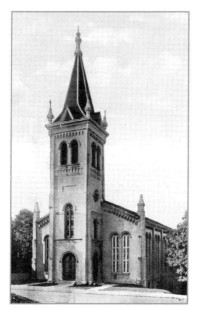

Iglesia Metodista a la cual la familia asistía en Huntsville, Alabama y en la que Mabel aceptó al Señor.

Los padres de Mabel, Willis y Mable Star King Bailey.

W.C. Bailey, hermano mayor de Mabel y Mabel.

Bill Bailey, hermano menor de Mabel y Mabel.

Mabel en 1929, el día de su graduación de Nyack College.

Ray, Muriel, Mabel y el Sr. Russell después de un viaje a través de las catarátas del Niágara. Ray, Muriel y Mabel iban camino al Canadá para su trabajo misionero durante el verano en 1929. El Sr. Russell fue quien proveyó el automóvil.

Miriam Willey, madre de Thomas.

Mabel el día de su boda el 23 de julio de 1930.

Los padrinos de la boda. La Dra. Lydia Mason, madrina de honor, Thomas, Mabel; la Srita. Eunice Hardy, dama; y Gloria Hope, damita.

Dra. Lydia Mason, hermana de Thomas.

Anna Coope, Mabel y Thomas en Miami.

Thomas, Mabel y el Dr. Ira David, pastor de la Iglesia de la Alianza Misionera y Cristiana en Atlanta junto con su esposa, y quienes se convirtieron en padres espirituales de Mabel.

Jessie Randolph, Mabel y Alma Gatlin en High Point, Carolina del Norte.

Capítulo 5

Preparación para el servicio

Yo sabía que el servicio misionero requería la capacitación adecuada y eso significaría que tendría que abandonar mi hogar y dejar sola a mi mamá. Mi hermano Bill no era miembro de nuestra iglesia en ese entonces y se puso furioso al enterarse de mi intención de procurar la capacitación necesaria para el servicio misionero. Estaba muy enojado conmigo y también estaba furioso con Dios. "¿Cómo se te ocurre hacer eso? ¿Cómo se te ocurre irte y dejarme a mí con toda la responsabilidad de cuidar a Mamá?" Poco después estaba tan resentido de sólo pensar que me iba a ir, que ni siquiera me dirigía la palabra. Yo me sentí muy mal por haberlo herido, pero ya ma había comprometido a una vida de servicio misionero y tenía que obedecer el llamado de Dios.

Al mismo tiempo, el Señor trajo al Sr. J. C. Eckman, un gran hombre cristiano, a la vida de mi madre. El era miembro de nuestra iglesia y presidente del campamento Gedeón de la ciudad de Atlanta, y estaba sumamente involucrado en las actividades de la iglesia. Poco después de conocerse, mi mamá y él se casaron. De esa manera, Bill ya no tendría que ser responsable por mi madre. Pero aún así, se quedó resentido con mi decisión de dejar mi casa.

Estando en la universidad, oré por mi hermano Bill todos los días por más de 2 años, hasta que un día tuvo un accidente de motocicleta y esa experiencia lo condujo a finalmente aceptar al Señor como Salvador. El también paró entregándose a Dios para el servicio cristiano y años después asistió a Nyack.

Ahora que mi mamá ya no contaba para su sostenimiento de nosotros, el camino para empezar mi capacitación parecía estar abierto, ¿pero dónde conseguiría los fondos necesarios para pagar por mis estudios? No teníamos dinero adicional y mi padrastro tenía cinco hijos y había dejado muy en claro que sus hijos, tanto como mis hermanos y yo, tendríamos que valernos por nosotros mismos. Nuestras visitas al hogar de mi madre eran infrecuentes y cortas. Teníamos que ser independientes y yo entendí muy bien que eso quería decir que no podía contar con ayuda financiera de su parte.

Aún así, empecé a buscar algún lugar en dónde poder recibir mi educación religiosa y encontré el Instituto Bíblico de Toccoa Falls al norte del estado de Georgia. Los estudiantes que no tenían el dinero necesario se matriculaban en un programa de trabajo y estudios. Con confianza de que este sería el mejor para mí, sometí mi aplicación y fue aceptada. Durante esos años, muchos amigos me ayudaron con regalos de dinero, pero también pasé muchas horas pelando papas, lavando platos, sirviendo mesas y limpiando pisos, además de dedicarme a mis estudios. Así, pasé tres años de mi vida, desde 1925 hasta 1928.

El área de Toccoa Falls era impresionante; tenía cataratas, montañas bellísimas y valles muy verdes. La belleza natural de esta área me emocionaba muchísimo y fue en medio de ese gran esplendor de Dios que pasé tres años muy fructíferos. Fueron tres años de gran maduración espiritual también.

Un día amanecí quejumbrosa diciéndole al Señor: "¿Por qué siempre tengo que hacer todo yo?" Yo era la presidenta de la clase que iba a graduarse y como un regalo especial a nuestra institución habíamos decidido dedicar una puerta para una de las entradas principales. Siendo presidente, yo era la persona responsable de todos los detalles, pero a pesar de todos mis esfuerzos, nadie parecía estar interesado y no contaba con cooperación alguna para nada. Todos los estudiantes estaban ocupados con sus propias cosas.

Esa mañana me levanté muy temprano y me fui a una de las cataratas en donde encontré una roca para sentarme y me dediqué a contemplar las cataratas, que eran más altas que las del Niagara y empecé a quejarme ante el Señor. "Nadie quiere ayudarme, Señor. Por favor dame un versículo especial para este momento". Así pues, abrí mi Biblia esperando encontrar un versículo lleno de amor y sustento para Su pobre sierva desalentada, pero en lugar de eso el versículo que mis ojos notaron y que resaltó en la hoja fue este: "Cuando hayáis hecho todo...decid: siervos inútiles somos..." (Lucas 17:10).

Cuando regresé a mi dormitorio mi actitud había cambiado por completo y como resultado de eso, todo empezó a caer en su lugar y el proyecto empezó a progresar rumbo a su finalización.

Por la gracia de Dios, me gradué en segundo lugar con las calificaciones más altas. Años después, mis propios hijos y algunos de nuestros jóvenes cubanos, también se graduarían de Toccoa. Hasta este día, le doy gracias a Dios por el Instituto Bíblico de Toccoa Falls.

Después de mis tres años en Toccoa, me mudé a Nueva York en donde me matriculé en Nyack Bible College, instituto bíblico situado a orillas del Río Hudson. Aunque los estudios eran difíciles, logré terminar todo el trabajo en un año. Estando nuevamente sin fondos y teniendo que pagar por mis estudios, trabajé como sirvienta limpiando casas. Yo nunca en mi vida había limpiado pisos arrodillada, pero aprendí a hacerlo en Nyack.

"Señor", solía orar mientras me encontraba de rodillas limpiando los pisos, "por favor permite que me quede un poquito de tiempo para ir a la biblioteca pues quiero leer todos esos libros maravillosos que contiene y por favor no me hagas tener que seguir restregando pisos". Y la respuesta suave que recibía era ésta: "¿Acaso no puedes restregar pisos para Mí?" ¿Por qué tengo que trabajar tan duro?, seguía quejándome con frecuencia, hasta que años más tarde cuando las jóvenes cubanas del instituto bíblico se la pasaban restregando y restregando y quejándose de tener que hacer ese trabajo duro y cansado, yo podía abrazarlas y decirles con toda honestidad: "Entiendo cómo se sienten".

Frecuentemente, después de servir la cena, llegaba a mi dormitorio después de las 10:00 de la noche y como las luces eran apagadas oficialmente a esa hora, tenía que estudiar a la luz de velas. Pero como yo tenía un propósito en mi vida, una meta y un llamado, contaba con la habilidad de trabajar y estudiar.

El Señor me bendijo con un ministerio muy hermoso en Nyack. Tuve la oportunidad de trabajar en las áreas más pobres de la ciudad de Nueva York en las misiones del área de Long Island.

Pero para mí, la mejor oportunidad que tuve en Nyack fue mi presentación en el Congreso de las cadenas de oración. Los estudiantes del instituto formaron seis cadenas orando cada día por alguna sección del mundo. Cada año todos los estudiantes y la facultad del instituto asistíamos a la Iglesia de la Alianza Cristiana y Misionera en la ciudad de Nueva York, para celebrar las misiones a través del mundo. Seis estudiantes eran escogidos para representar a cada una de las cadenas de oración y a seis naciones distintas durante el Congreso de Misiones Mundiales. Estos alumnos tenían la responsabilidad de presentar las necesidades de cada país y la obra que hasta la fecha se hacía ahí.

El 17 de enero de 1929, tuve la oportunidad de escuchar un mensaje sobre India. Quedé tan impresionada con ese mensaje que escribí en mi diario: "India, mi tierra adoptiva. Cuánto deseo estar allí". Imagínense lo feliz que me sentí cuando fui seleccionada, al día siguiente, para dar la presentación sobre la nación de India durante el Congreso. La única objeción provino de la Decana de Mujeres.

"Bueno, creo que ella sería la persona adecuada, si tan sólo pudiéramos entender qué es lo que dice". Mi acento sureño del área de Georgia era difícil de entender para los residentes de Nueva York. Me siento feliz de decir, que decidieron seleccionarme a pesar de mi acento sureño. Para dar esa presentación me preparé sumamente bien y hasta pedí una semana de vacaciones de mi trabajo en enero, para descansar y leer todo lo que pudiera encontrar sobre India. Cada estudiante contaba con un patrocinador, y el mío era el Dr. Garrison, un profesor que había sido misionero en la India. Cada día, redactaba mi mensaje y se lo llevaba a él, y el me lo devolvía con tachones y cambios por todos lados y en tinta roja.

Su respuesta siempre era la misma: "Aún no has podido sentir dentro de ti lo que la India es". Y yo iría a corregir y volver a redactar mi mensaje tratando de captar en él la esencia de lo que era la India. La fecha de la presentación se estaba acercando así que le llevé una vez más mi copia final al Dr. Garrison. Esperé ansiosamente mientras él leía mi manuscrito en silencio.

Finalmente, me miró y me dijo: "Al fin lo lograste. Captaste la esencia de la India". Mi mensaje finalmente estaba listo, pero yo no estaba preparada emocionalmente. Iba a estar dando mi presentación en frente de 3,000 gentes y estaba llena de temor. El día antes de mi plática me enfermé, pero sabía que por mi amada India y mi querido Señor tendría que hacer lo mejor que pudiera al día siguiente. Así pues, la mañana del 22 febrero me arrodillé, solita, ante el Señor.

Abrí mi Biblia en el libro de Isaías y oré diciendo: "Dios mío, dame las fuerzas y el apoyo que necesito a través de Tu palabra". Mis ojos cayeron directamente sobre Isaías 33:17 que dice: "Tus ojos verán al Rey en su hermosura; verán la tierra que está lejos". El versículo fue tan hermoso que lo anoté en mi diario, y en ese mismo instante se me fue el miedo y me llené de paz interna.

Yo di mi mensaje a las 2:00 de la tarde y el Dr. Garrison estaba sentando en la plataforma con mi manuscrito en sus manos. Después del evento me dijo: "Mabel, no se te olvidó ni una sola palabra". Estaba sumamente emocionada y la verdad es que ni siquiera me percaté de todo lo que el Señor estaba haciendo por mí esa tarde.

Escuchando mí presentación esa tarde estaba presente un joven misionero en el Peru, pero que estaba de regreso en su casa debido a la enfermedad de su padre. Cuando había llegado a Nueva York había oído sobre la conferencia en Nyack y decidió asistir ese día. Aunque no habían asientos disponibles, se quedó parado al umbral de la puerta y escuchó mi mensaje. Luego le pidió a uno de los profesores de Nyack que nos presentara. Se llamaba Tom Willey, y yo ya había oído hablar de él y conocía su obra para el Señor. Yo me quedé impresionada con él, pero no especialmente interesada, pues estaba enamorada de la India.

Sin embargo, mi temporada en Nyack ya estaba llegando a su cierre y el mes de abril fue uno muy ocupado para mí. Dios contestó mis oraciones mientras restregaba tantos pisos y mis últimos dos meses en el instituto no tuve que trabajar pues el Señor proveyó ayuda financiera para mí. Tuve tiempo para visitar la biblioteca, jugar tennis, tener caminatas por los caminos del bello Río Hudson con la Decana de Mujeres del instituto. La Srita. Schreck y yo nos hicimos muy amigas y el tiempo que logré pasar en su compañía fue uno lleno de gozo y que considero como un gran privilegio.

Mi último año en Nyack fue uno de reflección interna. El 29 de enero tuve una reunión con la Junta de Misiones Foráneas de la Alianza Cristiana y Misionera. Estuve emocionada pero muy nerviosa todo el día. Finalmente, me llamaron como a las tres de la tarde y después de varias preguntas, finalmente me hicieron la que yo sabía que harían.

"¿Le gustaría ir a las Filipinas como misionera?"

Mi única respuesta podía ser: "Su voluntad es mí voluntad". Y alabé a Dios por saber que mi vida estaba en Sus manos.

El 7 de marzo tuve una reunión con los miembros de la Junta para tomar una decisión final. Estaba temblando, llena

Preparación para el servicio   33

de miedo y emocionada al mismo tiempo. Me sentí indigna de estar frente a estos hombres que conocían el dolor y las penas que pasan los misioneros para llevar el Evangelio al mundo. El Sr. Brown, el Sr. Snead y otros me hicieron preguntas. Yo respondí a sus preguntas y les hablé sobre mi llamado, mi preparación y las metas personales que sentía que Dios me había dado. Cuando la junta terminó me sentí más tranquila y llena de gozo al saber que era como si estuviera frente a una puerta, esperando que el Señor la abriera y me dijera: "Este es el camino, andad por él". El 15 de marzo me encontré con el Sr. Snead en el centro de la ciudad y me dijo que había sido aceptada en la primera clase para viajar en 1930 o 1929 si había una vacante. La Junta me explicó que en esos momentos no había una plaza vacante en la India para una mujer soltera y por lo tanto había sido seleccionada para ir a las Filipinas como misionera. Estos señores también me explicaron que yo era la única mujer soltera que estaban enviando y me sentí muy honrada y a la vez indigna; pero no pude dejar de sentirme decepcionada de enterarme que no iba a ir a la India.

El día de la graduación en Nyack en mayo, estaba lloviendo y mi hermano Bill vino a la ceremonia. Sin embargo, no pude graduarme con honores como lo había hecho en Toccoa Falls pues mi acento sureño no me permitió sacar una buena calificación en la clase de fonética. Mi profesor parecía creer que nunca podría aprender otro idioma, aunque había estudiado latín en la secundaria y griego en Toccoa Falls.

Ahora lo que tenía que hacer era esperar para poder tener los fondos necesarios para partir hacia las Filipinas. ¿Qué iba a hacer mientras tanto?

INDIA

Mensaje presentado por la Srita. Mabel Bailey
Viernes 22 de febrero de 1929
2:00 p. m.

Aves verdes, muy verdes frente al cielo azul, muy azul,
Los gritos de los loros que volando van pasando.
El destello dorado de un aire cálido, muy cálido.
Y la tierra árida bajo el brillo feroz del sol.

Sobre la tierra horneada por el sol y su calor,
    veo sombras.
Sólo sombras, sombras sobre la arena seca y desnuda.
Sigiloso pasa un perro amarillento,
Y una paloma pasa sobre las alturas.

En fila interminable, pasan los peregrinos.
Murmurando, chocándose, pero siempre en movimiento.
Encorvados por años de cargas y dolor,
Siempre rezagados cual tren multicolor.

Los chacales aullan en la distancia,
Aullan y aullan, como el quejido de una alma perdida.
Y yo cierro mis ojos ante el murmullo que no cesa.
Del crujir de arroz y el tambor de los indios.

Si uno pudiera pararse sobre los bellos Himalayas al
norte y cubrir con la vista la tierra de la India, uno vería
grandes y populadas ciudades orientales con sus bazares
polvorientos y pueblos llenos de gentes cuyas paredes de
adobe y techos de paja, sirven de cubierta a una quinta parte
de la raza humana; y al ver con más atención uno hasta
podría notar el destello de los turbantes de colores brillantes,
los saris elaborados de los pobres y la seda hermosa y suave
de las damas de sociedad y que con ello contribuyen a la

belleza romántica y a la alegría de la tierra más colorida y pintoresca del mundo.

Ningún país del occidente en la actualidad, es de mayor interés e importancia para este hemisferio, que la India. No sólo es un país pintoresco en su vida, sino fascinante en su historia, de gran atractivo en su condición presente y maravillosa en el futuro.

Gran parte de la historia de la India ha sido documentada en forma de poesía y mito, es una larga historia de conquista. Durante años los invasores han robado, destruido y arruinado la tierra. Alejandro Magno invadió India en busca de más mundos, más tierras que conquistar, dejando su marca en el país. Los feroces invasores mongoles pasaron años fundando grandes y poderosos imperios, estableciendo muchos antes de los días de la Reina Elizabeth, cortes mongoles de lujo sobrepasando el esplendor de todo lo que Inglaterra alguna vez conoció. Desde la época en que los simios y los pavoreales fueron llevados de Gujarat a adornar las cortes de Salomón, los invasores han procurado encontrar la India. Colón, en su anhelo de encontrar la India encontró las Antillas. Luego, los holandeses desearon obtener especies, y los ingleses, se interesaron en comercio.

India proveyó el gran diamante Kohinoor que adorna la corona británica. Y mientras los conquistadores se destruían unos a otros por poseer la belleza de la India, y las naciones deseaban enriquecerse a su merced o encontrar un hogar bajo sus bellos cielos brillantes, India ha estado ocupada en una búsqueda, una aventura personal. Una búsqueda por liberación, pues aunque invasión tras invasión arrasó por sus tierras, aún

El Este se arrodilló ante la explosión,
Con un profundo desdén y con paciencia,
Dejando que las legiones arrasaran con ella,
Y nuevamente meditando profundamente.

Sin embargo, a través de muchas edades, esa meditación aún no ha producido nada y recientemente India ha empezado a buscar en su corazón, otros medios de satisfacción y por primera vez en su existencia está siendo conmovida profundamente por las corrientes mundanas de nuestros días. De hecho, su religión le había prohibido al hindú que cruzara los mares, pero India contribuyó 1,102,000 hombres a la Guerra Mundial, y 33,000 de ellos entregaron sus vidas en las batallas de la Gran Bretaña. Pero con ello, aquel gran hechizo fue roto, para nunca más volver a ser como antes.

Después, la India quiso obtener ansiosamente la educación Occidental, y por consiguiente en sus tierras hay 170 universidades produciendo miles de graduados cada año. Algunos de ellos se han convertido en figuras literarias que resaltan dentro de la literatura inglesa y dentro de los círculos científicos.

Existe también un gran espíritu de comercialismo y una lujuria de ganancia en el extranjero; y los intereses de manufactura están empezando a figurar en la vida de India tanto así como en las tierras del mundo occidental.

El orgullo nacional y las ambiciones patrióticas también empiezan a manifestarse, produciendo un espíritu de alboroto e inquietud a tal punto que deja a los hombres de estado totalmente perplejos. Pero con todas estas cosas, el corazón hambriento de la India no se satisface. Ruega por pan, pero la educación sólo le da una piedra; y por sus aspiraciones nacionales el bolchevismo y el comunismo con gusto le entregan un escorpión; y con esto, nunca han cesado en su búsqueda patética y monótona de la liberación de su existencia. Es su esfuerzo en la dirección errónea llegar a conocer y hacer real a Dios.

Usando las palabras de su poeta más conocido, India es una tierra "incorregiblemente religiosa". Su alma ha buscado sus riquezas en las cosas que provienen de sí misma, de su interior, y no en aquéllos aspectos que la rodean. Ella es la

Preparación para el servicio 37

madre espiritual de la mitad de la humanidad y ese es su significado supremo. La religión no es una vestidura usada por ciertas personas algunas veces; es el marco y la urdimbre de la vida del indio. Por lo tanto, el futuro de la India está relacionado de manera peculiar a su religión. Ella cuenta con una gran cantidad de maestros, pero está consciente de que nunca ha podido encontrar a un Salvador. Y ningún otra religión mas que la de nuestro Señor Jesucristo mereció una diadema más preciosa y fulgurante que ésta, India.

Vengan conmigo a caminar por uno de los múltiples caminos llenos de peregrinos inquietos y cansados cuyas acciones revelan una esperanza que uno no puede percibir en sus rostros, ya que estas peregrinaciones han ocurrido por siglos, sin ninguno de ellos pudiendo decir que han encontrado aquéllo que andaban buscando. A la orilla del camino vemos un árbol que florece y alrededor de su tronco tiene atadas cintas rojas, en las ramas uno que otro trapo amarrado y sobre la tierra montones de piedras acumuladas y coloreadas en rojo y coronadas con collares de flores y frente a estos "altares" está situada una piedra grande y lisa sobre la cual está colocada una lamparita de arcilla medio llena de aceite y sobre la que flota una mecha. Frente a esto hay más flores, la mitad de un coco y un limón. Este es el santuario preparado por el animista que ofrece tributo al espíritu de ese lugar o de ese árbol. Los adoradores se encuentran postrados ante este santuario, y si uno les preguntara si han encontrado la liberación de sus cargas pesadas su respuesta sería un resonante "no" y "pero esperamos encontrar a aquéllo que algún día nos librará de estas cargas tan pesadas". Esta es la esperanza vaga de diez millones de animistas en la India en la actualidad.

Y continuando en nuestra jornada por el camino polvoriento llegamos a la mezquita musulmana. Es la hora de la oración y en el balcón del minarete (la torre) aparece una figura vestida con su túnica y que al alzar sus manos anuncia la hora de la oración, invitando a los islámicos a orar. Y al oír este llamado, 69,000,000 de los habitantes de la India se arrodillan con sus rostros en dirección a la Meca, y empiezan sus oraciones con una actitud de oración formal que nunca recibe una respuesta de Dios. Y continuando nuestra trayectoria por el camino, llegamos al río más sagrado de la India, el río Ganges. Una vez ahí, los peregrinos indúes se lanzan a las aguas del río asqueroso para "lavar" sus cuerpos y para beber el agua, llenando botellas para llevarse a sus casas; mientras que cuerpos medio quemados flotan en el agua junto a ellos, dejando las cenizas de los muertos por todas partes ya que están seguros que aquel que muere sobre las aguas del Ganges se va directamente al cielo y es liberado de la preocupación de la transmigración. ¡O, si tan sólo las almas de 217,000,000 de hindúes pudieran tener el agua viva para nunca más volver a tener sed!

En este lugar también podemos ver a las figuras encorvadas y miserables de las viudas hindúes. Ellas también se bañan y oran, pero sin el entusiasmo que muestran los demás peregrinos, pues estas almas desesperadas son atacadas por toda mano humana y se reúnen a las orillas del río para pasar el resto de sus días, o hasta que la muerte les quite la vida, deseando a través de su muerte que el Ganges las purifique del pecado que su religión dice ellas cometieron haciéndolas responsables de la muerte de sus maridos y por lo tanto, viudas. Algunas ya casi no tienen vida, no tienen mucho que esperar. Ruegan a los peregrinos que les regalen algo que comer, huyendo de las maldiciones que su presencia ominosa produce en algunos, sintiéndose agradecidas de poder conseguir lo mínimo para mantenerlas con vida un día más; tratando de vivir pero deseando morir. Las viudas de la India necesitan a Jesús.

Así pues, en su ceguera, los millones de habitantes de la India buscan a tientas su realidad y Jesucristo anhela liberarlos de su tortura. En este momento, está parado a la distancia con los brazos estrechados hacia las gentes de la India, mientras que ella, con su corazón hambriento está

Preparación para el servicio   39

acudiendo a El, pero no puede ver Su rostro y no sabe qué es lo que busca. Una vida humana redimida y poseída por Cristo puede conducirlos a Jesús. Tal vez Jesús pueda usar su vida para hacerlo, quizá sea usted quien pueda hablarles de El.

"Tierra de la búsqueda", escucho latir dentro de mí,
El latido del corazón triste que anhela reposo,
"Yo vengo a ti", dice el Maestro.
"Yo soy la meta de tu fe y tu búsqueda,
De tus anhelos y tu amor. Ven a Mí.
Tu búsqueda ha cesado. Yo te puedo dar la libertad".

Capítulo 6

Mi primera experiencia misionera

Yo había aceptado una posición en un colegio misionero en Tampa, Florida, pero para el verano aún no tenía compromisos.

En Nyack me había hecho muy amiga de Muriel Dougal de Winnipeg, Manitoba, Canadá. Juntas habíamos platicado muchísimo de los necesitados en las áreas de Manitoba y Saskatchewan que nunca habían sido evangelizadas y los meses del verano nos proveyeron con la oportunidad de realizar trabajo misionero en estas áreas.

Después de la graduación, esperamos un tiempo para conseguir ayuda económica para poder ir a Canadá. El Señor suplió esta necesidad en gran manera pues el Sr. Russell, un hombre muy rico en esa localidad nos dio $300 y un carro nuevo para poder hacerlo. El 24 de mayo a las 3:20 de la tarde nos despedimos de las gentes de Nyack. Muriel, Ray y yo estábamos a punto de manejar hacia Canadá cuando Tom Willey se acercó al carro.

"Voy a estar orando por ustedes este verano", nos dijo. Y vaya si necesitábamos sus oraciones, pues ni Muriel ni yo habíamos manejado antes. Ya que yo estaba segura de que conocía los principios del manejo de un carro, fui elegida como chofer. Muriel y Ray tendrían que confiar en mí, y yo tendría que confiar en el Señor. Todos necesitábamos Su guía, pues ni siquiera estábamos seguros a donde íbamos.

El martes 4 de junio, como a las 8:30 llegamos a Winnipeg a la casa de Muriel. Allí conocimos a sus papás y quedé deleitada de hacerlo. Contando con la bendición de los miembros de la iglesia de Muriel empezamos a visitar las

41

áreas rurales de Manitoba. Visitamos fincas y ranchos (haciendas), invitando a los niños a participar en la escuela bíblica de vacaciones. Las puertas se nos abrieron por todas partes y nadie rechazó ninguna de nuestras invitaciones.

Esos tres meses de gran bendición en las áreas rurales de Canadá expandieron mi mundo grandemente. Yo nunca antes había vivido en una finca, y montar a caballo y ordeñar vacas era algo totalmente nuevo para mí. Ni siquiera había visto trigo creciendo en los campos y ese verano tuve oportunidad de ver mucho trigo. Me divertí muchísimo jugando sobre los montones de paja con los niños y teniendo caminatas en los caminos por el campo; pero sobre todo, tuve el gozo de ver a muchos niños y sus padres, entregarse al Señor.

Al final del verano nuevamente necesitábamos los fondos necesarios para regresar a Nyack y el Señor volvió a proveer milagrosamente. Ray se despidió de nosotros para tomar un trabajo como guardia en un tren y Muriel y yo regresamos a Nueva York con una pasajera. Su nombre era la Sra. Weager, y ella nos ayudó con los gastos del viaje de regreso. El viaje no fue tan bueno como habíamos esperado. En St. Paul, Minnesota, tuvimos problemas mecánicos y en ocasiones las tres tuvimos que dormir en la misma cama. Aún así, la Sra. Weager siempre nos mantuvo bien optimistas pues ella se convirtió en la inspiración de nosotros en este viaje.

El 10 de septiembre, como a las 3:00 de la tarde finalmente llegamos a Nyack. Dios había suplido nuestras necesidades a través del verano y nos había provisto con un ministerio fructífero, además de protegernos de peligro.

A mi regreso a Nyack, empezó una etapa de espera para mí. Aunque había aceptado la posición como maestra en Tampa, Florida aún no tenía el dinero necesario para el viaje y la mudanza. Sin embargo, tuve la oportunidad de quedarme a vivir con Muriel y Ella Olsen.

Mi primera experiencia misionera   43

El 18 de septiembre volví a ver al Sr. Snead y él me dijo que no tendría que esperar mucho más para poder hacer mi viaje.

Con gran tristeza tuve que despedirme de mi amiga Muriel y después de ese verano que pasamos juntas, nunca más volví a verla. Debido a ella tuve la oportunidad de pasar un verano bellísimo en el Canadá, y el tiempo en que nuestras vidas se tocaron y se entrelazaron, fue una gran bendición del Señor. En esa época, necesitábamos la una de la otra, y Dios siempre trae a nuestras vidas a las personas necesarias cuando necesitamos un amigo especial.

El 19 de septiembre de 1929, cuando el dinero que necesitaba al fin llegó, me despedí de Nyack. Aunque me entristecí un poco y lloré, también me llené de emoción anticipando las nuevas aventuras y bendiciones que tendrían en mi nuevo trabajo para el Señor.

Capítulo 7

Aprendiendo a amar a los latinos

El 21 de septiembre llegué a Atlanta y Dios me dio este versículo: "Todos sus caminos son caminos de paz". Mi mamá estaba esperándome en la estación del tren y ya que había dejado Atlanta poco después del casamiento de mi mamá con el Sr. Eckman, no sabía cómo respondería sabiendo que estaba de visita en su casa. Sin embargo, encontré que me recibieron con mucho cariño y gentileza y hasta llegué a llamar al Sr. Eckman: "Papi". Todos los vecinos vinieron a visitar a la "hijita" de mamá y se portaron muy bien conmigo.

Aunque disfruté mucho visitando a mi mamá y me dolió mucho dejarla, el 8 de octubre tuve que continuar mi viaje a Tampa para empezar el trabajo de maestra que había aceptado y que sería una experiencia nueva para mí.

Cuando llegué a Tampa, fui lanzada a un mundo totalmente distinto. El clima caliente, húmedo y polvoriento del centro de la ciudad de Tampa era un gran contraste con el clima fresco, frío y de aire muy puro en las áreas rurales del Canadá. Y las gentes que conocí en la Florida no eran nada como los finqueros y rancheros canadienses muy sanos y robustos.

El 10 de octubre conocí al primer grupo de niños al que les iba a estar dando clases. Los niñitos del Colegio Misionero de la Iglesia Congregacional eran un grupito de niños chiquititos, de piel morena, muy delgaditos y desarrapados que apenas hablaba inglés. Sus costumbres eran muy raras y distintas para mí. Ese día, mi comentario en

45

mi diario fue: "Parece como si estuviera en una tierra desconocida".

Además de dar clases en el colegio, también estaba a cargo de una clase de Escuela Dominical para varones y participaba en los servicios conducidos en las calles, al aire libre.

Estando en medio de estas gentes tan distintas, entre costumbres e iglesias tan distintas, tuve que pedirle a Dios que me diera gracia y fuerza. Yo sabía que El me había llamado a servir aquí, así que aprendí a reposar en Su voluntad. Durante esos nueve meses en el colegio de la misión, Dios me dio un amor muy especial por los latinos.

"¡Pero yo me voy a ir a las Filipinas!"

A finales de 1929 empecé a preguntarme dónde estaría en estas fechas el año venidero. Dios había bendecido durante este año grandemente. Me había graduado de Nyack, había tenido un gran viaje misionero al Canadá y ahora estaba dando clases a estos niños tan lindos.

Mi versículo para 1929 fue Juan 15:7: "Si permanecéis en mí, y mis palabras permanecen en vosotros, pedid todo lo que queréis, y os será hecho". Dios había cumplido Su palabra en mí de manera tan maravillosa que el 31 de diciembre anoté esto en mi diario: "El último día de este año feliz y glorioso. 'Aquel que es poderoso para hacer todas las cosas más abundantemente de lo que pedimos'".

En la primavera me empecé a cansar de estar dando clases pues anhelaba estar en el campo misionero ganando almas y propagando el Evangelio. La Junta de Misiones se reunió en abril y yo estuve esperando ansiosamente su decisión sobre el futuro de mi trabajo misionero. El 2 de mayo recibí una carta de la Junta y me quedé muy desilusionada al enterarme de que no podría viajar inmediatamente, que tendría que esperar. Ese día escribí en mi diario: "...decepción, pero todo según el tiempo señalado por Dios. Alabado sea Dios por la paz que El me da y el conocimiento de que El está obrando". El 12 de mayo recibí una carta del Sr. Snead en la que me preguntaba que si estaba lista para irme a las Filipinas.

Cuando el año escolar terminó, regresé a Atlanta para hacer los preparativos finales para mi viaje misionero a las Filipinas.

Capítulo 8

¡Pero yo no te amo!

Cuando llegué a Atlanta me enteré que la Alianza Cristiana y Misionera estaba teniendo una campaña de avivamiento. Mis queridos amigos, David Fant y su esposa, me invitaron a quedarme con ellos por unos días para que pudiera asistir a los servicios y llevar a la Sra. Fant en el carro. El evangelista estaba teniendo reuniones especiales con los niños en las afueras de la ciudad de Atlanta en las tardes, y la Sra. Fant me pidió que la llevara a ese servicio.

Cuando entré a la tienda de campaña aquella tarde, el evangelista se quedó muy sorprendido y me recibió muy cariñosamente e inmediatamente me pidió que le ayudara. El pianista no se había presentado para el servicio. Y así fue como ese verano empecé a ayudarle a Tom Willey con los servicios para los niños.

Una noche, la Sra. Fant invitó a cenar a Thomas y después de la comida nos sentamos a platicar en la sala. Mientras yo estaba tocando el piano, Tom se sentó junto a mí en la banca. Cuando yo volteé mi cara, él me miró fijamente y me dijo:

"Supongo que ya sabes que te vas a casar conmigo". Yo me quedé sorprendida con su atrevimiento. Su sugerencia me había tomado totalmente por sorpresa. Absolutamente nada en nuestra relación como amigos, me había preparado para semejante declaración amorosa.

A Tom Willey lo conocí la tarde durante el Congreso de las cadenas de oración el 22 de febrero de 1929. Tenía 30 años en ese entonces y había entregado su vida al servicio de Cristo tan profundamente que el tema del matrimonio estaba totalmente en las manos de Dios. El le había dicho al Señor que si Él quería que se casara, Él tendría que enseñarle a la mujer que sería su esposa. Y hasta que ese momento se llegara, él se mantendría puro y limpio para ella. A medida que Thomas escuchaba mi mensaje aquella tarde se dijo a sí mismo: "Esa es la mujer para mí". Aunque nos habían presentado, yo no estaba interesada en él. Yo sabía que una de las maestras de español en Nyack estaba muy interesada en él; y por lo tanto, no tenía ninguna razón para interesarme en él.

Es curioso que justo cuando estábamos a punto de dejar Nyack para nuestra obra misionera en el Canadá, él se volvió a aparecer. En aquel entonces, solamente se había acercado a la ventana del carro y nos había dicho: "Voy a estar orando por ustedes este verano".

Y ahora, aquí estaba enfrente de mí, diciendo que yo me iba a casar con él.

"Pero yo, yo, yo no puedo casarme con usted", le dije tartamudeando, "porque yo no lo amo".

"Ay, eso no importa", me contestó él, "ya aprenderás a amarme".

Y aquel hombre que no sabía decir "no puedo", no dejaría que mi primer rechazo de él impidiera su propósito, así que siguió persistiendo de manera muy amorosa. El estaba muy seguro de saber cuál era la voluntad de Dios y como consecuencia, nuestra amistad creció rápidamente.

Al último servicio a cargo de Thomas, el Dr. Harry Schuman, Presidente de la Alianza Cristiana y Misionera, y su esposa se presentaron. "Thomas", le dije, "tendremos que pedirle al Señor una prueba. Tú sabes que a mí pronto me van a enviar a las Filipinas así que debemos hablar con el Dr. Schuman. Si él da su aprobación, entonces yo tomaré su respuesta como una señal del Señor".

Thomas estuvo de acuerdo y puesto que su obra en el Perú era por medio de la Alianza Cristiana y Misionera, conocía muy bien al Dr. Schuman. Yo lo había conocido cuando había sido parte de la junta durante mi entrevista misionera. Por consiguiente, decidimos citarnos con él en su hotel.

Thomas fue el primero en platicar con él y luego me tocó a mí expresarle mis sentimientos y pedirle su consejo sobre la situación.

Lo primero que hizo fue expresar sus sentimientos sobre Thomas Willey.

"Ya hace varios años que conozco al Sr. Willey", él dijo, "y en todo ese tiempo hemos descubierto que es "todo un hombre". Nunca tiene miedo de nada. Es valiente. Siempre dispuesto a servir a Dios bajo cualquier situación. Yo no tengo más que un gran respeto por él como hombre y como misionero". Y luego dijo: "En cuanto a tu relación con la Junta, me gustaría que pensaras en la obra de una misionera soltera y la obra de una misionera casada. Tal vez esto te ayude a decidir el lugar en donde debes estar. Recuerda que la misionera soltera usualmente se encarga de dar clases, de ayudar como enfermera o de hacer trabajo administrativo en el extranjero. La misionera casada generalmente está ocupada con el evangelismo de familia a familia y el comienzo de nuevas iglesias".

¿Qué iba a hacer? Yo me esperé por un momento, y luego él dijo las palabras que me liberaron y me ayudaron a decidir.

"Si prefieres casarte, no creas que no te reemplazaremos en el campo misionero". Y sonriéndose me dijo: "Hay por lo menos una docena de mujeres esperando por esa oportunidad". Un tiempo después, la mujer escogido por la Junta para reemplazarme fue encarcelada en un campo de concentración.[1] Para mí, el Señor tenía otros planes.

---

[1]Darlene Deibler Rose, *Evidence of Things Not Seen,* Harper & Row, Publishers, Inc., New York, NY, 1988. En este libro, Darlene Rose, cuenta la historia de un grupo de misioneros encarcelados en una cárcel campamento japonesa.

El Dr. Schuman era un hombre muy sabio, y yo podía ver claramente que Dios estaba uniendo nuestras vidas más y más. Después de unas experiencias desagradables que había tenía en el pasado, yo había cerrado mi corazón y no quería pasar por otra experiencia de tener que entregar y dejar ir a otro amor. No hay duda que Dios estaba honrando nuestra petición por una prueba. Poco a poco empecé a sentir que mi corazón se estaba enterneciendo y abriendo hacia esta hombre. De hecho, ya lo admiraba y apreciaba muchísimo. Y gradualmente, esa admiración y ese aprecio se convertirían tiernamente en amor.

Después que aceptamos esa señal del Señor, mi vida empezó a cambiar. Anteriormente, mis metas habían sido las de un servicio como misionera pero siendo soltera. Esperaba enseñar y darle clases a niños pequeñitos, pero ahora, sabía que me iba a casar. Tendría mis propios hijos y mi ministerio sería compartido con otra persona. Aparentemente, dentro de mi corazón, tenía el deseo de tener mi propia familia. En mi diario para el día del 25 de enero de 1930, había escrito comentarios sobre la compra de ropita de bebé. Mi apuntes habían sido éstos: "Si ese algún día será mi gozo, eso también, lo entrego al Señor". Cuando me percaté de este secreto dentro de mí, también descubrí que en mi corazón estaba creciendo un gran sentido de satisfacción. Dios estaba cumpliendo deseos que yo ni sabía que tenía.

La vida de Thomas también cambiaría. Con una esposa, ya no podría ser un pionero en las selvas. La selva, en donde él había obrado, no era accesible fácilmente, y la Junta no asignaba a mujeres a este tipo de trabajo que Thomas había estado haciendo. Su nuevo estado civil exigiría que se dedicara a un tipo distinto de servicio y en otro lugar. En 1929 los Estados Unidos acababa de pasar por la gran caída de la Bolsa de Valores y la Gran Depresión había empezado. Como consecuencia, los fondos para la obra misionera no existían.

Thomas acababa de aceptar un puesto como pastor interino en Miami, Florida y me pidió que si me gustaría

¡Pero yo no te amo! 53

compartir este ministerio con él mientras esperábamos a que el campo misionero en el extranjero estuviera abierto nuevamente. Y por supuesto, yo acepté con gozo. Debido a que nuestro sitio para servir ya había sido seleccionado, Thomas sintió que deberíamos casarnos cuanto antes.

Thomas había pasado casi todos los años de su juventud ardientemente declarando que nunca se casaría; pero ahora tendría que informarle a su mamá y a su hermana Lydia, que se iba a casar. Su mamá era viuda y Lydia era una quiropráctica muy exitosa en Nueva Jersey. Su anuncio las sorprendió muchísimo puesto que ambas lo idolatraban y creían que no había nadie lo suficientemente buena para ser la mujer de su querido hijo y hermano. Todavía no habían conocido a la joven misionera de Georgia y no sabían nada sobre ella. ¿Cómo podían estar seguras de que ella sería la mejor mujer para Thomas? Thomas estaba seguro que eventualmente responderían con una decisión positiva. Y eso fue lo que hicieron al decir: "Si tú sabes que esta es la voluntad de Dios para ti, entonces la aceptaremos y haremos todo lo que podamos para ayudarte". Pero yo me di cuenta de cierta vacilación, una renuencia, especialmente de parte de Lydia.

Y ahora a mencionar la ceremonia. Yo había asistido a una boda latina en Tampa pero la había considerado muy rara. Sin embargo había escrito en mi diario: "Yo prefiero mi boda de otra manera". Ninguno de los dos tenía fondos y mucho menos para una boda o para una casa. Aún así, la iglesia de la Alianza en Atlanta se alegró muchísimo con la noticia de nuestro compromiso y la posibilidad de tener el servicio matrimonial en su iglesia.

Con la ayuda de ellos sentimos que estábamos siendo cargado por una gran ola humana de ayuda y cariño. Todos los miembros de la iglesia dieron una contribución y nos ayudaron a tener una ceremonia muy linda. Cierta persona me hizo el vestido de novia y alguien más proveyó las flores. Otros abrieron las puertas de sus hogares para recibir a nuestros invitados que venían de otras ciudades. El periódico mencionó que la boda había sido linda y también incluyó los nombres de los participantes en la ceremonia: la Dra. Lydia Mason de Burlington, New Jersey, como dama de honor; la Srita. Eunice Hardy como dama y la niñita Gloria Hope como damita de flores; y el Rev. Robert D. Kilgour como padrino de la boda. El Dr. R. A. Forrest, Presidente del Instituto de Toccoa Falls, ofició la boda. En mis días como estudiante en ese instituto, había aprendido a admirarlo y amarlo y me dio mucho gusto enterarme que él y mi futuro esposo eran buenos amigos. En esos días, Dios estaba usando al Dr. Forrest de gran manera. Su influencia sobre la educación cristiana se extendía a través del mundo. Yo me sentí muy honrada que él se haya tomado tiempo de su horario tan ocupado, para asistir a mi boda en Atlanta.

La familia de Thomas también vino. El me había hablado tanto de las montañas en Kentucky y su obra en medio de estos montañeses que yo me había imaginado a su familia en vestidos anticuados y con gorritos. Me quedé atónita cuando se presentaron manejando un Buick grande y muy lindo. La que más me impresionó fue Lydia.

Lydia entró a la iglesia en su gran fineza, abrumándome con su sofisticación. Su vestido era de última moda, muy caro y sumamente elegante. Sus joyas, obviamente muy caras y al mismo tiempo de muy buen gusto, exigiendo atención. Tenía puesto un sombrero bellísimo con una pluma a un lado de él y que lo rodeaba hacia la parte de atrás. Su sombrero, su ropa, sus joyas y sus rasgos aguileños contribuyeron a que me formara una opinión de ella como siendo una mujer muy orgullosa y materialista. Ella era el tipo de persona que había hecho algo de su vida y se había convertido en alguien aunque provenía de un hogar pobre. Yo sentí que le haría un desaire y ignoraría por completo a alguien tan pueblerina como yo. Poco tiempo después aprendería que Lydia se había sobrepuesto a grandes impedimentos para convertirse en la persona que ahora era, pero también descubriría en ella un amor lindo, un amor bello hacia Tom y su familia, que nunca fallaría.

La Sra. Willey, Mamá Willey, fue totalmente distinta. Yo me sentí tan emocionada con su bienvenida y aceptación tan cariñosa como me sentí abrumada con la grandeza de Lydia. Sus ojos cariñosos me aceptaron y sus primeras palabras me hicieron sentir muy bien. Conforme platicábamos me di cuenta de su gran amor por Tom, por mí y por la humanidad. Me di cuenta casi de repente, que estaba viendo los ojos de una santa.

Nuestro casamiento fue el 23 de julio de 1930. Ese día escribí en mi diario: "¡El día de mi boda! Casada a las 8:00 de la noche en el Tabernáculo del Evangelio de Atlanta por el hermano Forrest. ¡El día más feliz de mi vida!" La noche la pasamos en Atlanta y a la mañana siguiente tuvimos un desayuno con los asistentes a la boda. Es interesante la manera en que algunos recuerdos nunca se nos olvidan. Recuerdo bien que para el desayuno comimos huevos, tocino y panqueques.

Siendo una pareja sin dinero, tuvimos una boda hermosa y también contamos con provisión monetaria para nuestro viaje a Miami. Un conocido de mi esposo que tenía un negocio de venta de carros usados, nos pidió que le lleváramos uno de sus carros a Miami. El viaje no nos costaría nada. Pero eso no nos sorprendió, sabiendo cómo Dios había provisto para nosotros en el pasado, y estábamos muy agradecidos con su oferta. Afortunadamente teníamos muy pocas posesiones, por lo que pudimos empacar nuestras posesiones mundanas en el carro.

Tom sólo tenía experiencia manejando un Ford modelo-T, y las velocidades de este carro totalmente lo confundieron. Pero con mi experiencia manejando hacia el Canadá, yo sabía manejar un carro de velocidades, así que viajamos hacia el sitio de nuestra luna de miel conmigo como chofer. En el camino, yo iba enseñándole a él cómo manejar este carro.

Capítulo 9

Luna de miel en Miami

Mis tíos, el Sr. Robert C. King y su señora, vivían en Miami, donde él era el Jefe Asistente del Cuerpo de Bomberos. Vivían en una casa vieja que había remodelado como duplex y cuando se enteraron de que nos habíamos casado y que íbamos a vivir en Miami, reservaron un lado del duplex para nosotros. Este duplex, gracias al Señor, estaba totalmente amueblado. Para mí fue muy agradable estar tan cerca de mis parientes.

Cuando llegamos a la ciudad fuimos a inspeccionar la iglesia en la que íbamos a estar ministrando. El Tabernáculo de la Alianza Cristiana y Misionera en Miami era un centro evangelístico altamente exitoso y sumamente grande, pero un pequeño grupo de sus feligreses querían pertenecer a una iglesia más reducida en tamaño por lo que, contando con la bendición de la iglesia madre, habían empezado otra iglesia en Miami. Nosotros estaríamos a cargo de la iglesia más pequeña.

En mi mente recuerdo claramente dos cosas sobre el primer servicio que tuvimos en la iglesia. Thomas terminó su mensaje y le pidió a la congregación que cantara con él el himno de despedida y luego dijo: "Sra. Willey, ¿podría usted despedirnos con una oración?" Yo nunca antes había oído a nadie decir mi nombre nuevo, y a manera que las gentes bajaron sus cabezas esperando en silencio, yo levanté los ojos para ver a la persona que diría la oración y me sorprendí al ver que mi esposo me estaba mirando directamente a mí. Y de repente me di cuenta que yo era la Sra. Willey y

57

rápidamente empecé mi oración y despedí a la congregación como él me lo había pedido. Al finalizar el servicio, todos los hermanos se acercaron para darnos la bienvenida a la iglesia. Yo todavía me estaba maravillando ante el hecho de mi nueva identidad, cuando los oficiales de la iglesia le pidieron al Sr. y Sra. Willey que por favor salieran de la iglesia pues querían darnos un regalo como muestra de su aprecio. No estábamos preparados para lo que nos esperaba, pues al salir de la iglesia vimos ante nosotros un Ford modelo-T nuevo que era para nosotros. La congregación nos estaba regalando "el carro de moda", y ya había sido totalmente pagado; y era un regalo por su aprecio y gratitud. Nos impresionamos tanto que los dos estábamos llorando.

Nuestro ministerio con esas personas tan queridas de Miami fue bello, pero también disfrutamos de una linda luna de miel. Después de todo, Thomas y yo no habíamos sido amigos, ni siquiera buenos conocidos, antes de casarnos. Yo no le aconsejaría a nadie que se casara con esta clase de arreglo o condición, pero ya no estábamos tan jóvenes. El tenía 32 años y yo 25. Ambos teníamos nuestras dudas en cuanto al matrimonio en general, pero estábamos muy seguros de la voluntad de Dios para nosotros. El nos había unido y nos había dado Su bendición.

No hay duda que ningún otro lugar más bello habría podido ser hallado para una pareja que necesitaba de tiempo para tener una luna de miel extendida. El cielo de Miami era cambiante y parecía estar muy cerca. Las puestas del sol eran tan intensas y las estrellas muy brillantes. La luna no brilla tanto en ningún otro lado como lo hace en Miami, por lo menos como lo hacía en aquéllos días. Las playas eran maravillosamente blancas y las palmas muy altas tenían gracia y eran muy bellas.

En aquellos primeros días, la iglesia no requería gran cosa de nosotros, por lo que tuvimos tiempo de conocernos, de convertirnos en amigos íntimos y en amantes. Juntos disfrutamos descansando bajo las palmas, caminando en las playas y platicando.

Thomas me contó sobre su niñez. El había crecido en el norte de los Estados Unidos donde los inviernos eran terriblemente fríos y las tormentas de nieve la amontonaban tan alto que toda la familia tenía que quedarse encerrada adentro de la casa.

Su papá había sido un alcohólico y su borrachera había producido problemas emocionales y financieros para su familia. Thomas sabía lo que era sentirse avergonzado de tener que ir a recoger a su papá a algún bar en donde se había emborrachado. A veces su papá se gastaba la paga de toda una semana en alguno de los bares locales, dejando a la familia sin comida o sin ropa. Ahora me estaba empezando a formar una imagen muy distinta de su familia. Eso me hizo pensar en mi papá y el hecho de que habría dado la camisa sobre sus hombros para ayudar a alguien necesitado. En contraste a eso, el papá de Thomas ni siquiera había podido proveer las necesidades físicas y emocionales mínimas de su propia familia.

En cuanto a su madre, estas habían sido sus palabras: "Ella era un ejemplo viviente de la gracia de Dios para mí y mi hermana mayor". Sus ojos brillaban con amor y admiración mientras hablaba del aguante muy paciente que tuvo de todos esos problemas, y sin ninguna queja. El la describió como una santa, y a medida que yo la llegué a conocer mejor, también llegué a pensar en ella como una mujer santa.

"Cuando me fui a Asbury", me dijo Thomas, "me propuse visitar mi casa tan frecuentemente como me era posible. Quería vigilar a mi mamá y mi papá y asegurarme de que estaban bien. Yo me sentía de lo mejor con sólo estar cerca de mi mamá. Antes de irme, me arrodillaría ante mi mamá y ella colocaría sus bellas manos sobre mi cabeza, nuevamente encomendándome a Dios y a Su cuidado".

Conforme yo lo escuchaba describir a su amada madre, tuve que luchar para no dejarme llevar por un deseo fuerte que estaba enterrado dentro de mi corazón. La muerte de mi padre había cambiado y ablandado el corazón de mi mamá y había empezado a darse más a los demás; pero no podía imaginarme a aquella dama reservada y casi austera, rompiendo las barreras para tocar mi alma profundamente como lo había hecho su madre. Sin embargo, mi madre era mi mamá y yo había aprendido a amarla y aceptarla tal y como era. Nada podía cambiar eso. Y aún con todo, estaba muy emocionada de poder contar con una nueva madre amistosa y afectuosa en mi vida.

A medida que caminábamos por las playas de Miami descubrí que Thomas era un hijo dedicado a su madre y cariñoso y obediente con su padre. La vida no lo había tratado con gentileza. Había estudiado hasta el tercer grado y luego había tenido que dejar de estudiar para ayudar a mantener a su familia. Primero había trabajado en una fábrica para hacer vidrio y luego había sido dueño de un almacén de venta de verduras y frutas frescas. Su negocio fue tan exitoso que pudo darle trabajo a su papá y comprarle una casa nueva a la familia. Su habilidad para los negocios y la generosidad hacia su familia, me impresionaron muchísimo. Pero estaba totalmente anonadada ante el hombre junto al cual caminaba bajo la luna de Miami. Este era un hombre con un llamado al ministerio, un hombre que había asistido a la universidad, que había estado en el extranjero como misionero y que ahora ministraba en una iglesia. ¡Imagínense! Había pasado del tercer grado a la universidad. Seguro que este era un hombre de gran convicción y muy valiente para aceptar semejante desafío. Sin duda que podría confiar en su gran fortaleza.

Un día le pregunté: "¿Cómo decidiste entrar al ministerio?"

"Me imagino que todo empezó cuando trabajaba en la fábrica para hacer vidrio. Allí fue donde primero conocí a un hombre 'distinto', contestó Thomas. "Su vida me impresionó muchísimo y cambió por completo la dirección de la mía".

"¿Era cristiano?"

"Sí, en todo el sentido de la palabra. Vivía lo que creía, ante mis propios ojos, y eso me impresionó muchísimo".

"¿Quién era él? ¿A qué se dedicaba?"

"Su nombre era el Sr. Charlie Camp. Era un hombre grandote y bien dado, del tipo que te imaginabas nadie quería hacer enojar. Después de unos días de trabajo, me di cuenta que algunos de los demás trabajadores se burlaban de él. Lo ridiculizaban y lo insultaban y yo me quedé esperando que les contestara o los agarrara a puños, pero nunca lo hizo. Su silencio despertó en mi una gran curiosidad pues el Sr. Camp fácilmente pudo haber aporreado a cualquiera de ellos pero en lugar de eso se quedaba callado y seguía haciendo su trabajo. Además de todo, trataba a sus acusadores con gentileza y gran consideración. Yo nunca antes había presenciado algo así. Cualquier otra persona le habría contestado a sus atacantes con lo que merecían, defendiendo su honor, ¿sabes? ¿Y qué hacía a este hombre distinto? Yo empecé a observarlo detenidamente pues me gustaba lo que veía. Todos los días, traía al trabajo su Biblia y a la hora de almuerzo la estudiaba y luego oraba. Eso hacía que los demás se burlaran de él y lo ridicularizaran. El nunca trató de dominarlos y jamás les contestó. Solamente hizo lo que él consideraba era lo correcto. Yo lo admiraba muchísimo y cuando me invitó a asistir a su clase de Escuela Dominical acepté con mucho gusto. Creo que fue a través del Sr. Camp que primero acepté al Señor. El me enseñó el Evangelio y su vida me demostró el amor de Dios".

"Es increíble la manera en que Dios trae a nuestras vidas la persona adecuada al momento preciso", contesté yo. Yo le conté a él mi llegada a Atlanta y la manera en que había encontrado a la iglesia de la Alianza Cristiana y Misionera. También le conté sobre el pastor, el Dr. David y los misioneros visitantes.

Cuando le conté sobre la vigilia especial de oración en la que me había entregado al servicio de Dios, él me dio un abrazo bien apretado. "Yo sabía que tú eras la mujer para mí la primera vez que te conocí. Y ahora estoy más seguro que nunca", me dijo él. En silencio, seguimos caminando por un rato bajo la luz radiante de la bajada del sol y entre las siluetas de las palmas.

Finalmente, Thomas rompió el silencio diciendo: "No hay nada mejor que los momentos en que compartimos íntimamente y oramos con otros cristianos. Yo asistía a la iglesia metodista en mi pueblo natal, pero a menudo visitaba la de Philadelphia cuando tenían lo que ellos llamaban noches para compartir. En el sótano de la iglesia, tenían un cuarto en el que colocaban sillas en un círculo y cada sábado nos reuníamos ahí un grupo para compartir de todo corazón con todos los demás. Le dábamos gracias al Señor por sus bendiciones, mencionábamos aquéllo que nos preocupaba y nos apoyábamos unos a otros emocional y espiritualmente. Orabamos todos juntos, uno por el otro y en muchas ocasiones el Espíritu Santo suplió nuestras necesidades. Lo que yo veía pasar noche tras noche me impresionaba muchísimo y creo que fue durante esa época de mi vida que decidí que quería ser ministro.

Ahora me tocaba a mí apretarle la mano a él. Mis propias experiencias me ayudaban a entender de lo que estaba hablando. Sabía que él también había sentido la mano de Dios en su vida y había experimentado el poder del Espíritu Santo.

"Lo divertido es que en todos mis días en Asbury siempre me imaginé como un gran pastor predicando en una gran iglesia como la de Philadelphia. Después de oír las tonadas del gran órgano de pipas y después del canto majestuoso del coro, yo me pararía frente al púlpito ante la congregación y presentaría mi mensaje con tonos resonantes y palabras elocuentes que cautivarían a mi audiencia", dijo él.

Luna de miel en Miami 63

Yo no pude ocultar mi risa porque estaba tratando de imaginarme a este hombre alto, tosco y deportivo, vestido con un traje y corbata o con una túnica ministerial. Me parecía sumamente incómodo y preso en medio del órgano de pipas, el coro y las cuatro paredes de una iglesia. "Ay, Thomas", dije riéndome, "eso no suena nada como tú. Sin duda que te desviaste en alguna parte para llegar de un órgano de pipas y un gran coro a las junglas del Perú", dije yo. "Por cierto, ¿cómo fue que paraste yéndote al Perú?"

"Definitivamente que tomé otro camino", dijo él. "Fue en uno de los corredores de la biblioteca de Asbury". Aunque me quedé con ganas de oír más sobre esta historia, él no parecía estar inclinado a hablar más al respecto.

"¿Y bien?"

"Encontré un libro, el libro más increíble que he leído. Era la autobiografía de Anna Coope, titulada *"Anna Coope, Sky Pilot of the San Blas Indians"*. (Pilota de los indios San Blás).[2]

"¿Anna Coope?", dije brúscamente.

"¿Lo has leído?"

"No, pero la oí hablar en Nyack. De todos los misioneros a los que he oído dar sus mensajes, ella es la oradora más inspiradora y pintoresca que conozco".

"¿Tú conoces en persona a Anna Coope?", Thomas estaba tan emocionado que casi no podía creerlo. "¿Cómo es ella? De todas las gentes en este mundo que me gustaría conocer Anna Coope es la primera en mi lista. Ven, dime cómo es ella. ¿Cómo era? ¿Cómo se veía? ¿Qué fue lo que dijo?"

"Un momentito", le contesté riéndome. "Una pregunta a la vez, por favor. Primero, como dije antes, su apariencia era muy pintoresca, muy original. Era una mujer bajita y el pelo lo tenía agarrado en un moño bien apretado encima de su

---

[2]Anna Coope, *Anna Coope, Sky Pilot of the San Blas Indians: An Autobiography*, Baltimore, World Missionary Society, [1917].

cabeza. Podías darte cuenta que no le importaba en lo más mínimo cómo se veía o la impresión que su apariencia física daba. La verdad es que, siento decirlo, pero en ese entonces creí que era una de las mujeres más feas que jamás había visto. Pero cuando empezó a hablar, tenía una belleza que la rodeaba que era casi santa. Ella y su historia sencillamente dejaron asombrado a todos los presentes en el auditorio".

"Hmmm", sonrió Thomas, "yo habría dado cualquier cosa por haber podido estar ahí. ¿De qué habló?"

"Bueno, primero nos habló sobre su vida en Inglaterra y cómo sabía desde pequeña que debía ir al campo misionero. Luego nos habló sobre los obstáculos que enfrentó. Primero la enfermedad de su mamá y luego la de su papá, y que la forzaron a quedarse en su casa cuidando de ellos.

"Cuando su papá se murió, la Srita. Coope sintió que tenía la libertad de ocupar el lugar en el campo misionero al cual sentía que Dios la estaba llamando. Se presentó ante todas juntas misioneras en Inglaterra pero ninguna la aceptó".

"¿No la aceptaron?", dijo Thomas enojado, "¿por qué?"

Yo le expliqué que porque estaban convencidos que la Srita. Coope era muy vieja y no tenía la capacitación adecuada".

"¿Pero entonces cómo es que llegó a estar con los indios?"

"Ten paciencia", le dije. "Decidió probar a las juntas misioneras en los Estados Unidos y aquí encontró una misión que la enviaría a obrar en Venezuela".

"Bueno, por lo menos estaba en camino y bajo el cuidado de la misión".

"Creo que sólo tenía veinticinco centavos en su bolso cuando partió de Nueva York para presentarse en la Misión del Río Orinoco en Venezuela", le dije.

"¡Qué gran fe! Pero todavía no estaba con los indios de San Blas", interrumpió Thomas.

"No, espera, eso viene después".

"Una de las cosas más interesantes que nos contó fue su sanación mientras estaba en Venezuela. Estando allí, notó que tenía una protuberancia en la lengua, y todos estaban preocupados, menos la Srita. Coope".

"Ella tenía confianza en que su Padre Celestial se encargaría de resolver este problema".

"¿Y lo hizo? ¿Qué pasó después?"

"Fue al doctor y él diagnosticó la protuberancia como cancerosa".

"¡Cáncer!", dijo Thomas, "eso es mortal".

"Sí, pero ella confió en el Gran Médico Divino de encargarse de eso. Un día cuando se despertó en la mañana, y se fue al espejo para ver su lengua, como lo había hecho todos los días desde su diagnóstico, el tumor se le despegó de la lengua y se le cayó de la boca".

"¡Maravilloso! Yo sabía que su fe prevalecería".

"Cuando ella se lo explicó a otros misioneros, ella les dijo que su Padre la había curado y esa sanación produjo un verdadero espíritu de avivamiento dentro de la estación de la misión".

"Una mujer de gran fe, pero tú prometiste contarme sobre los indios de San Blas".

"Ya voy llegando. Después oyó hablar sobre los indios que vivían en las afueras de la costa de Panamá, de los indios de San Blas. Luego le pidió al Señor que le enviara una embarcación para que pudiera llegar hasta donde estaban los indios. Después de eso, todos los días se iba a la playa en espera de la embarcación. Finalmente, un día, vio un gran barco y mandó a un niño en una canoa a que averiguara a dónde iban. Iban hacia el Canal de Panamá y rumbo al Ecuador. Ahora sabía que el Señor finalmente le había enviado el barco.

"Cuando estaba subiendo al barco, el capitán le comunicó que no podían transportar mujeres, pero Anna Coope insistió en que Dios le había enviado esta embarcación y que ella iba a ir a las islas. Como consecuencia, tuvo que dormir a la intemperie y el viaje no fue nada fácil. Pero en el barco, sucedió algo maravilloso. Tuvo oportunidad de predicarle a los marineros y muchos de ellos aceptaron al Señor".

"¿Y cuando llegó a las islas de San Blas?"

"Bueno, los indios corrieron hacia el barco con sus lanzas y el capitán sintió que no podía dejar que la Srita. Coope abandonara la embarcación por temor a que los indios la mataran. En la isla no permitían la entrada al hombre blanco.

"Pero eso no detuvo a la Srita. Coope".

"Por supuesto que no. Ella andaba en una misión para Dios. Ella desembarcó con su Biblia en las manos y tan pronto como sus pies tocaron tierra el jefe se abrió camino entre la multitud de indios. Hablando en español, le preguntó: '¿Trajistes el libro?' Y cuando ella le contestó que sí, que había traído el libro de vida eterna, el jefe le dio la bienvenida. El le dijo que el Jefe del Cielo les había dicho que alguien llegaría con el libro y les hablaría sobre la vida eterna".

"¿Y pasó muchos años en las islas?"

"Sí, y ganó muchas, muchas almas de los indios de San Blas para el Señor. Especialmente Lonnie Iglesias, un joven indígena muy inteligente. Ella hasta lo envió a estudiar a Nyack. Yo conocí a Lonnie Iglesias y a la joven americana con la que se casó. El tuvo un gran ministerio en las islas. El fue un gran líder, y el mediador entre las Islas y Panamá".

"¡Ay, qué gran historia de fe!", dijo Thomas, "como quisiera poder conocerla".

Y a mi marido finalmente se le cumplió su deseo, pues después de muchos, muchos años de servicio, la Srita. Coope decidió que debía jubilarse en los Estados Unidos. Ella pasó por la ciudad de Miami poco después de que nos casamos y nos mudamos a Miami. Hasta la invitamos a que pasara unos días con nosotros. Ella fue una gran bendición y mi esposo llegó a conocer en persona a la mujer que había escrito el libro que había cambiado su vida.

Después de estar con nosotros se fue a California a un hogar para ancianos que se han jubilado de sus obras para el Señor. Unos meses después una enfermera me escribió una carta justo antes del nacimiento de Tommy. La Srita. Coope quería saber si ya había nacido el bebé y quería que supiera dónde estaba viviendo. Estaba muy enferma y sentía que no se iba a recuperar. Y así paso, no se mejoró y la enfermera me volvió a escribir. Su carta decía: "No me lo hubiera perdido por nada. Yo estaba con ella cuando se murió y fue un momento de gran regocijo. Sus últimas palabras fueron: 'O, están abriendo los portales de perlas'. Y también: 'Hay un montón de mis indios y allí está mi Señor'. Y se nos desvaneció. No me lo hubiera perdido por nada en el mundo".

Ella y mi esposo habían platicado muchas veces sobre la conversión de una gran cantidad de indios y su entrada al reino, por lo que sabíamos perfectamente lo que había querido decir.

Conocer a la Srita. Coope fue una de las muchas bendiciones que el Señor nos permitió tener en Miami.

En Miami permanecimos uno o dos años, y disfrutamos muchísimo nuestra obra con las gentes de la iglesia. Cuando la iglesia empezó a crecer, les sugerimos que se unieran a la Primera Iglesia de la Alianza Cristiana y Misionera de Miami.

Esta experiencia fue una gran bendición para nosotros pero sabíamos con seguridad que Dios tenía algo distinto para nosotros en el futuro. Ambos teníamos el llamado al campo misionero en algún lado.

Capítulo 10

Conociendo a los bautistas libres

Una temporada en High Point

Estábamos a principios de la década de los 30 y en medio de la Gran Depresión. Todo el país estaba pasando por tiempos difíciles y no existían fondos para enviar a misioneros a campos foráneos. Después de la experiencia que adquirimos en Miami, el grupo de la Alianza Cristiana y Misionera nos pidió que nos mudáramos a High Point, Carolina del Norte para empezar una iglesia en el área. Ya existía un grupo de gente que se congregaba en un edificio viejo para sus servicios y lo primero que hicimos fue construir nuestro propio tabernáculo.

Lo primero que Thomas hizo fue construir los cuartos de oración. Teníamos dos, uno para hombres y otro para mujeres. Thomas solía abrir las puertas de estos cuartos temprano en la mañana y los alumnos pasaban por ellos a orar, antes de irse a tomar sus clases.

El Señor bendijo grandemente estos servicios. El director de música empezaba el servicio con cantos y la gente empezaba a acercarse al altar. A menudo sucedía que Thomas ni siquiera tenía oportunidad de predicar; solamente hacía una invitación y la gente se amontonaba en el altar. Nosotros estábamos tan interesados en ganar almas para el Señor que este ministerio fue increíble para nosotros.

En High Point, el Señor nos bendijo ricamente y la iglesia sencillamente crecía y crecía. También presenciamos varios milagros y aún en la actualidad, todavía existe una iglesia magnífica fundada por la Alianza Cristiana y Misionera en High Point.

Un incidente que aún recuerdo muy bien produjo una amistad que ha durado todos estos años. La mujer que vivía al otro lado de la calle del tabernáculo a menudo caminaba frente a él y mi esposo se ponía a hablar con ella. Siempre paraba invitándola a la iglesia y ella siempre decía que no iría a la iglesia. Aún así, siempre iba a platicar con mi esposo. Yo tuve oportunidad de conocerla finalmente un día y me enteré de su historia. Ella era la Sra. Alma Gatlin y había sido acusado de matar a su papá. El caso había sido reportado en los periódicos de manera sensacionalista y la habían echado a la cárcel. La persona que la había acusado de asesina había sido un evangelista que había llegado a High Point. Ella lo había ido a visitar para hablar con él y en medio de la conversación le había preguntado: "¿Si alguien asesina a otra persona, puede ser salvo?" En ese entonces su mamá estaba muy enferma y eventualmente se murió.

El evangelista se hizo a la idea de que Alma había cometido un asesinato y la había delatado a la policía como la asesina de su papá. Sin embargo, el juicio había concluido que ella no había asesinado a su papá.

Poco a poco fui enterándome de la verdadera historia. Alma había pertenecido a la alta sociedad, pero su padre era un borracho y una noche había decidido matar a Alma y a su mamá. La mamá, en defensa propia, agarró un cuchillo de la cocina y lo mató. Luego lo enterró sin decirle nada a nadie. Y por supuesto Alma sabía lo que en realidad había pasado y lo que le había preguntado al evangelista era por su mamá y no por ella. A consecuencia de todo esto, había llegado a odiar a evangelistas y predicadores de cualquier tipo, pero un día le dijo a mi esposo que sí vendría al servicio en la iglesia.

Nosotros tratamos de hacernos sus amigos y de demostrarle que la amábamos y también queríamos que supiera que el Señor la amaba. Un día, temprano en la mañana, sonó el teléfono y cuando contesté me di cuenta de que era Alma y que estaba llorando.

"Acabo de regresar del cuarto de oración", me dijo. "Entré y me arrodillé y le dije al Señor que quería conocerlo, pero el diablo empezó a tentarme. Yo no le puse atención y lo ignoré y seguí orando. Sólo quiero que sepas que Lo acabo de aceptar como mi Salvador". Parece ser que todos esos años nos había estado esperando a nosotros para entregarse a Dios.

Alma y su amiga Jessie Randolph se convirtieron en dos de mis mejores amigas. En 1988 cuando visité la Tierra Santa, Jessie fue conmigo.

Mis primeros estudios bíblicos los empecé en High Point en un hotel. Estos incluyeron a hombres y mujeres y desde entonces, casi a cualquier lugar en donde estuve, tuve estudios bíblicos, a veces sólo para mujeres y otras veces mixtos.

En High Point, al principio vivíamos en una casa alquilada cerca de la familia Hester. La casa le pertenecía a los Hester, que también eran dueños de un almacén de muebles en la ciudad. Meses después, ellos mismos nos construyeron un apartamentito junto al tabernáculo para ahorrarnos gastos adicionales.

Tommy, mi primer hijo, nació en High Point el 13 de julio de 1932. Cuando el tenía dos años de edad, estando embarazada con Bárbara, me encontraba muy enferma.

En esa época sabíamos que nuestro ministerio en High Point había llegado a su fin, ¿a dónde nos enviaría Dios ahora?

Hacia Durham

En esa misma temporada, recibimos una invitación de la iglesia de Durham. El ministerio en Durham fue totalmente distinto. En High Point habíamos empezado la iglesia, pero en Durham ya existía una congregación grande y creciente en una iglesia bien grande. Era una iglesia bella y llena de jóvenes. Los jóvenes tenían un ministerio maravilloso. La mayoría eran estudiantes universitarios con los que nos juntábamos todos los sábados para orar.

Nuestra casa estaba situada al otro lado de la calle de donde vivía el Decano del Colegio de Estudios Religiosos de la Universidad de Duke. El le dio permiso a Thomas para usar la biblioteca de la universidad y siempre fue muy bondadoso con nosotros. Ya que él no tenía hijos, se llegó a encariñar muchísimo con nuestro hijito Tommy.

En Durham, yo empecé mi estudio bíblico en un hotel y allí fue donde conocí a unos bautistas libres. Recuerdo bien a uno que se llamaba Fred Rivenbark. Mi esposo empezó un programa de radio en Durham y en aquel entonces las gentes no estaban acostumbradas a escuchar un programa religioso en el radio. Era algo único y debido a este programa, tuvimos la oportunidad de conocer a Henry Melvin. Los feligreses de la Iglesia Bautista Libre de Edgemont, en la cual el hermano Melvin era el pastor, empezaron a escuchar el programa.

A medida que Thomas y yo estábamos orando una noche, sentimos que deberíamos empezar a hacer algo para ir a algún campo misionero. Si algún día íbamos a estar en el campo misionero, teníamos que empezar a tomar los primeros pasos para hacerlo. Se había llegado el momento para que fuéramos al campo misionero. Tendría que ser ahora o nunca, o por lo menos así lo creíamos. Como resultado, recibimos tres ofertas. Con toda seguridad podríamos haber aceptado la oferta de la Alianza Cristiana y Misionera, pero también recibimos ofertas de la Misión Centroamericana pues ya se habían enterado del trabajo de mi marido, y otra misión más.

El hermano Melvin sabía que mi esposo había sido misionero y quería que los bautistas libres tuvieran una visión misionera. El Sr. Melvin le había dicho a mi esposo: "Cuando se trata de misiones, mi gente es como un gran gigante adormecido. Me encantaría que viniera a la iglesia y los instigara con una visión para misiones".

Conociendo a los bautistas libres   73

Mi esposo y yo pasamos muchas horas hablando con los bautistas libres de Carolina del Norte. Thomas se percató del gran deseo, de lo ansiosos que estaban de empezar un programa misionero.

Un día, mientras estábamos orando a las dos de la mañana, ambos sentimos claramente que debíamos ayudar a los bautistas libres a empezar un programa de misiones y por lo tanto aceptamos su oferta. En aquel entonces sabíamos que había una mujer soltera que quería ir a la India y nosotros nos reunimos con Laura Belle Barnard antes de que saliera para la India.

Es increíble la manera en que Dios coloca a Sus escogidos en lugar adecuado al momento ideal. Eso es precisamente lo que nos ocurrió a nosotros cuando conocimos a Henry Melvin en Durham. Su iglesia contaba con un espíritu de avivamiento y el hermano Melvin era un predicador excelente. Amaba mucho a su denominación y tenía una visión realista de lo que Dios quería hacer con Su pueblo.

Estoy convencida que en aquel entonces los bautistas libres necesitaban un toque personal. Estoy segura que el Espíritu Santo tocó a mi esposo y le dio un amor especial por estas gentes pues, una vez más, Dios le estaba dando el deseo de irse al extranjero a llevar el Evangelio. También quería aumentar el interés misionero que se estaba manifestando dentro de los bautistas libres, y me parece que Dios nos usó en ese entonces para llevarnos a donde nos encontramos en la actualidad como bautistas libres.

Mi hija Bárbara nació en Durham y debido al cuidado de un nuevo bebé, yo me encontraba limitada en cuanto a mi habilidad de poder asistir a servicios. Thomas, sin embargo, empezó a asistir a algunos de los servicios de los bautistas libres.

Ya estábamos listos para presentar nuestra renuncia a la Alianza Cristiana y Misionera cuando nos enteramos que deseaban que los bautistas libres se unieran a ellos en este programa misionero. Sin embargo, nosotros consideramos que lo mejor era que tuviéramos nuestro propio programa para compartir el Evangelio.

La obra exigía que fuéramos pioneros, pero mi esposo no le tenía miedo a ese tipo de trabajo, por lo que presentamos nuestra renuncia ante la Alianza Cristiana y Misionera y nos fuimos a campos frescos y nuevas aventuras.

Capítulo 11

Panamá: Lodo y estrellas

Thomas iba a partir en barco de la ciudad de Galveston, en Texas para ir a analizar el país de Panamá como prospecto para las misiones de los bautistas libres. Ya que él estaría allí como por un año, los niños y yo tendríamos que quedarnos en Texas. En Bryan, alquilamos una casita. Sterl Phinney, el pastor de la Iglesia Bautista Libre del área estaba muy interesado en misiones y creyó que tal vez sería la voluntad de Dios que él se fuera con mi esposo pero, al final, no le fue posible.

Las gentes de la Iglesia Bautista Libre de Bryan se encargaron de cuidarme y lo hicieron muy bien. La abuelita de John Moehlman, la Sra. Moehlman, se encargó de que tuviera suficiente comida y de que no me faltara nada.

En Panamá, mi esposo encontró un área en la que creyó podríamos internarnos y empezar nuestro ministerio a los indios, la tribu de los Chocos, situados al sur de Panamá.

Ya para el regreso de Thomas a los Estados Unidos, los bautistas libres hasta habían seleccionado a un Secretario para las Misiones Foráneas, el Sr. I. J. Blackwelder.

El 15 de septiembre de 1937 partimos hacia Panamá. Tommy tenía cinco años y Bárbara tres. En mi diario anoté lo felices que estábamos de finalmente estar cumpliendo nuestro llamado, yendo a Panamá como embajadores de Dios. Nuestros amigos nos fueron a despedir ese día y en el barco habían flores bellísimas. El 18 de septiembre paramos en el puerto de Tampa en donde tuve oportunidad de ver a algunos de mis antiguos estudiantes. Al día siguiente tuvimos una Escuela Dominical en el barco.

75

Es interesante notar que también hicimos un paro en el puerto de la Habana, Cuba el 20 de septiembre. En mi diario escribí lo siguiente: "¡Qué vista tan hermosa!" Allí, nos comunicamos con nuestros amigos el Sr. y la Sra. Arthur Paine. Yo había asistido al Instituto de Toccoa Falls junto con Arthur y Hugh Paine. Ahora, Arthur y su familia eran misioneros en Cuba. Ellos vinieron a visitarnos y comieron a bordo y nosotros tuvimos oportunidad de visitar su casa. A la una de la tarde del 22 de septiembre finalmente partimos hacia la última parte del viaje en barco.

A eso de de las 7:30 finalmente llegamos a Cristóbal. Una vez ahí, visitamos la iglesia y el Hogar Bíblico. El lunes en la mañana empezamos a buscar un lugar en donde vivir y encontramos un apartamento de dos cuartos con una cocina pequeña y una regadera, y aunque era muy pequeñito estábamos agradecidos al Señor por este lugar.

De ese apartamento, nos mudamos a El Valle a una choza de adobe con techos de paja y con un piso de tierra.

En una ocasión, Thomas se había ido a visitar a los indios y como solía hacer a menudo, nos había dejado en la choza. Los indios se acercaron pues tenían gran curiosidad de vernos, pero no podíamos comunicarnos con ellos porque no hablábamos su idioma. Esa noche, cuando los niños entraron a la casita me di cuenta que estaban cubiertos de pies a cabeza de unos insectos cafés. Yo nunca antes había visto garrapatas y no sabía qué hacer, pero sí sabía que tenía que arrancárselas a los niños. Lo malo fue que mientras más trataba de desprenderlas no parecía poder hacerlo y empecé a llorar y los niños empezaron a llorar. Finalmente se me ocurrió usar queroseno y me imagino que funcionó pues las garrapatas al fin se desprendieron de la piel de mis hijos. Esa noche, bañé a mis niños en medio de mis lágrimas y los acosté.

Cuando se durmieron corrí hacia afuera pues estaba llena de emociones y confundida y me desplomé en la cepa de un árbol y empecé a quejarme ante el Señor: "Señor, lo único que yo siempre quise fue tener una casa bien linda. ¿Acaso es esta mi casa linda? ¿Esta choza con techos de paja y con insectos que caen del techo? ¿Y qué hay de mis hijos? ¿Acaso puedo aguantar todo esto por su bien?" Después me arrodillé ante la cepa y continué llorando y orando y de repente me pareció que el Señor me habló:

"¿Acaso no puedes vivir en esta choza para mí? Recuerda lo que Yo he hecho por ti?"

Mi corazón se conmovió y de repente me acordé de Su amor y Su cuidado por Mí, y también me acordé de mis votos a El.

"Sí, Señor", dije orando, "sí puedo vivir en este choza para Ti. Entrego a Ti todos mis deseos por una casa linda, mis hijos, mi esposo, te entrego a mi familia y haz de mí lo que Tú desees".

De repente, me llené de paz y me levanté y desde ese momento fue como si esa choza hubiera sido una mansión pues mi Señor me había colocado allí. Ahora veía todo con otros ojos y empecé a ver qué podía hacer para convertir a aquélla choza en nuestro hogar.

De repente me acordé del verso de un poema que decía: "Dos hombres miraron a través de las barras de una prisión. Uno vio lodo, el otro las estrellas". Dios me había enseñado las estrellas

Un tiempo después encontramos una casita y aunque tenía un techo de paja tenía un piso de cemento. Era muy espaciosa y estaba situada justo en medio del valle. Para este entonces ya contábamos con dos caballos y Tommy tenía un potrito. También teníamos a Ventura, una muchacha indita, viviendo con nosotros.

Yo estaba aprendiendo español y todavía no podía hablar mucho. Había estudiado francés, latín y griego, pero no español. Sin embargo, los idiomas no me eran difíciles de aprender e iba por todas partes con un cuaderno añadiendo palabras a mi lista de vocabulario en español. Entre los indios sólo uno que otro hablaba español, la mayoría hablaba su propio dialecto.

En el valle donde vivíamos estábamos rodeados de indios, pero mi esposo quería trabajar con los Chocos, que vivían a cierta distancia. Para visitarlos, él tenía que ir a la ciudad de Panamá, tomar un barco rumbo a la Bahía de Darién, en donde había un pueblecito llamado El Real, y luego viajar hacia el Río Sambu.

Thomas había recibido clases en Odontología en la Universidad de Philadelphia mientras había estado de regreso en los Estados Unidos después de su estancia en el Perú y empezó a dedicarse a la extracción de dientes de las gentes en El Real. No se olviden que yo había trabajado como Asistente Dental cuando viví en Atlanta, antes de asistir a la universidad. Yo me quedé anonadada al ver a Thomas trabajando en las extracciones dentales pues lo hacía casi como un experto. Además, los indios parecían no sentir tanto dolor como nosotros. A ellos le sacaban los dientes y sólo se reían.

Debido a su trabajo odontológico Thomas se hizo famoso en esta área y su popularidad le permitió ir río arriba para llegar al sector donde vivían los indios Chocos. El les sacaría los dientes y ellos lo llevarían en canoa río arriba.

Más adelante le comunicó a las gentes en Carolina del Norte que necesitábamos un motor para una lancha para navegar el río. Ellos hicieron una colecta y nos mandaron el dinero para comprar un motor. Thomas logró comprarlo en Colón.

Su costumbre era llegar al pueblo de noche y congregar a los hombres. Una vez allí, siempre encontraba a alguien que hablara español y a través de ese intérprete, les predicaba y les hablaba del Señor Jesucristo.

Un día, regresó al hogar en El Valle y me dijo que quería llevarnos a Tommy y a mí a visitar a la tribu indígena. Quería que los indios vieran que él tenía mujer y que no estaba interesado en su oro. Así pues, dejamos a Bárbara con

Panamá: Lodo y estrellas   79

Ventura en El Valle y nos metimos a la lancha para llegar al pueblito. Los hombres nada más tenían una especie de taparrabo cubriéndoles el cuerpo.

"Las mujeres están allá arriba", me dijo Thomas. Sus viviendas estaban construidas sobre postes bien altos para protegerlos de ataques de animales.

"¿Y cómo me voy a subir hasta ahí?", le dije yo.

"Sube por ese poste que tiene aberturas para sostener los pies", me contestó él.

Y bien, aunque no sabía cómo iba a subir por el poste, logré hacerlo y ésto fue lo que vi.

En un cuarto bien grande estaban todas las mujeres y los niños. Las mujeres tenían pedazos de tela cubriéndoles sus partes íntimas y el resto de sus cuerpos estaban al descubierto y llenos de dibujos pintados en distintos diseños. En sus rostros tenían dibujos como el de la rama de un árbol con un pájaro sentado en ella. Los niños estaban totalmente desnudos y en sus cuerpos también tenían dibujos. El pelo lo tenían muy sucio y grasoso y se estaban rascando la cabeza. Yo sabía la razón por la que se rascaban porque yo también tenía lo mismo. La única pertenencia en su casa era un pedazo de ojalata en medio del piso sobre el cual tenían una fogata y una olla de hierro en medio del fuego. Dentro de la olla estaban cocinando su cena que consistía de plátanos, elotes y mono.

Las mujeres se me quedaron viendo, les debo haber parecido tan extraña, tan rara. Yo estaba totalmente vestida y tenía zapatos también. Aunque no podía decirles nada pues no hablaba su idioma tenía un gran deseo de hablarles sobre el Señor que las amaba muchísimo.

Un día mi esposo se fue río arriba a visitar a estos indios y uno de los hombres de la tribu que era padre de familia le dijo a mi esposo que apreciaba mucho sus visitas y luego le dijo: "Quiero que se lleve a mi hijo". El niño debe haber tenido unos diez o doce años. "Quiero que le enseñe español y que le enseñe a contar. Cuando la gente viene a comprar nuestras cosas nos roba porque no sabemos contar".

Thomas no sabía qué hacer pues este niñito nunca había estado fuera de la selva, que era su hogar; pero Thomas lo puso en la lancha y como había tanto frío el jovencito estaba tiritando. Todos tratamos de imaginarnos cómo se sentía. Estaba siendo llevado por esta gente blanca muy lejos de su familia. Cuando llegaron a Balboa ya estaba oscuro y nuestros amigos pusieron a David en una camita y a la mañana siguiente lo encontraron en el piso porque no podía dormir en la cama. Luego Thomas lo puso en la regadera y él le dijo: "¡Ay, está lloviendo!"

Al día siguiente pusieron a David dentro de un carro para llevarlo a la iglesia. El nunca antes había visto un carro y el sonido del motor del carro le dio mucho miedo. Finalmente llegaron a la Primera Iglesia Bautista de Balboa donde David oyó por primera vez en su vida el cantar de himnos y la música en la iglesia.

Yo ni siquiera me sorprendí cuando mi esposo regresó a la casa con este jovencito indígena. Nunca sabíamos qué iba a hacer mi esposo. Mis hijos aceptaron al muchacho enseguida porque ya estaban acostumbrados a los indios. Además, estaban encantados de tener un amiguito con quien jugar. La jovencita indígena que vivía con nosotros, sin embargo, estaba molesta. David era sucio, tenía el pelo largo y tenía piojos. Ella quería cortarle el pelo inmediatamente, pero Thomas no la dejó cortárselo.

A consecuencia de ello, Tommy y Bárbara resultaron con piojos en su pelo y a mí también se estaban pegando. Mientras más se esmeraba Ventura en mantener limpios a los niños y sin piojos, más parecían llenarse de ellos. Finalmente, un día en que Thomas se fue a otro de sus viajes en el río, Ventura le cortó el pelo a David y él se puso muy contento porqué quería tener pelo como el de Tom. Ventura le cortó el pelo, se lo lavó y logró deshacerse de los piojos que tenía. Y también nosotros. A Thomas no le gustó mucho lo ocurrido, pero el cabello siempre vuelve a crecer y tenía que aceptar lo sucedido pues no podía hacer nada al respecto.

David era un niño encantador. Fue muy emocionante verlo descubrir cosas que nunca antes había visto, por ejemplo, un caballo. Primero se fijó que Tommy estaba montado sobre el potrito y cómo parecía estarse divirtiendo. Yo le pedí a Ventura que me trajera mi caballo. El se subió sobre él y empezó a hacerlo correr y fue como si lo hubiera estado haciendo toda su vida.

Poco a poco fue aprendiendo nuestra manera de vivir y comer y como ninguno de nosotros hablaba su dialecto tenía que oír español todo el tiempo, por lo que lo aprendió muy rápidamente.

Yo tengo unos recuerdos muy gratos de David. Un día estábamos teniendo un devocional y al fondo de la casa teníamos una mesa bien larga. Yo estaba escribiendo algo cuando oí que David nos estaba llamando. Estaba llamando al Sr. Willey porque había visto una víbora. Era una coralillo y acababa de meterse por la puerta hacia adentro de la casa. David siempre estaba al tanto de peligros pues las serpientes abundan en la selva. A veces, yo podía estar parada en la cocina y a través de la ventana veía a las culebras. También había aprendido a usar un rifle calibre 22 porque me parecía buena idea saber disparar un rifle.

En cierta ocasión oímos que un grupo de indios gritaba y armaba un alboroto y cuando salimos a ver qué era lo que pasaba, vimos que se trataba de una boa constrictor muy grande que habían encontrado.

"Ahora es mi oportunidad de usar mi rifle para matar una víbora", pensé yo y corrí hacia la casa, pero cuando regresé con el rifle los indios ya la habían asustado y, ¡yo perdí mi oportunidad!

En otra ocasión los niños se estaban bañando en el río cerca de la casa cuando oí a Bárbara gritando: "¡Sapo! ¡Sapo!" Yo corrí hacia el río para ver qué era lo que pasaba y Tommy que estaba cerca se fijó que no era un sapo sino una boa acuática. De inmediato agarró a Bárbara y la sacó del agua. Yo nunca había visto a una boa de agua pero Tommy la reconoció de inmediato. Nosotros vivíamos en medio de todos estos peligros y las serpientes abundaban. Además de serpientes, también habían mosquitos, pero de los peligrosos. Constantemente teníamos que dormir bajo mosquiteros para protegernos de los insectos. Sin darme cuenta, uno de esos mosquitos peligrosos me picó. Después que nos mudamos de la choza a una casa más grande, estábamos situados junto a la calle principal en el Valle. Un domingo, alcé los ojos y vi a dos hombres norteamericanos caminando por la calle.

Lo primero que se me pasó por la mente fue: "¿Quiénes serán esos hombres y qué están haciendo por acá?"

Ellos me contestaron: "Nada más estamos explorando todo. ¿Qué está haciendo usted en esta tierra abandonada por Dios?"

"Soy misionera", les contesté yo.

Los invité a mi casa y me enteré que eran médicos que venían del Hospital de Gorgas. Les encantaba pasear por la selva y habían caminado de la calle principal hacia el Valle. Se quedaron sorprendidos al ver nuestra casa en el Valle. Yo había tratado de convertirla en un hogar y ellos no esperaban ver una casa arreglada como la de nosotros. Teníamos un tocadiscos viejo y discos y yo hasta había traído un vestido largo (formal) para fiestas. Cuando celebrábamos un cumpleaños o un día especial, yo enviaba a Ventura a que me consiguiera orquídeas en la selva. Allí existían una gran cantidad de orquídeas muy bellas y yo las usaba para decorar la casa en ocasiones especiales. En esos días, yo me ponía mi vestido y disfrutábamos de la música. Colocaba la mesa con mi mejor vajilla incluyendo platos para el pan y la mantequilla, incluía de todo y lo hacía ver muy formal. Todas estas cosas me parecían más importantes allí en la selva que en cualquier otro lado. Algunas personas se reían de mis esfuerzos, pero cuando mis hijos vinieron a los Estados

Panamá: Lodo y estrellas   83

Unidos para entrar a la secundaria, sus maestros notaron que habían sido bien educados.

Ellos me habían dicho: "No entendemos porque la mayoría de los hijos de los misioneros que vienen a estudiar aquí tienen que aprender modales, pero los suyos no. ¿Por qué es así?"

Yo le he aconsejado a los misioneros que se van a otros países, que se esmeren en hacer de todo algo hermoso en el sitio en el que se encuentran, que se esfuercen aún más de lo que lo harían estando en su propio país porque sus hijos tienen que aprender de ellos. Recuerdo, por ejemplo, un niñito amigo de Tommy, hijo de un misionero que nos vino a visitar. Al sentarse a la mesa no sabía qué hacer con la servilleta. Tommy tuvo que enseñarle qué hacer. Todo eso me convenció que debía enseñarle modales a mis hijos porque algún día ellos tendrían que tomar su lugar en el mundo.

Los doctores se quedaron encantados de encontrarnos en medio de la selva.

"¿Podemos volver a venir?", me preguntaron.

"Sí, por favor", les dijimos. Y en el futuro regresarían trayendo consigo a más personas.

Un día les hicimos la siguiente sugerencia: "¿Por qué no abren una clínica aquí? Nosotros estamos tratando de enseñarle el Evangelio a estos indios, pero acá hay gentes con mordeduras de serpientes y enfermedades y ustedes podrían ser de gran ayuda". Y eso fue precisamente lo que hicieron los doctores. Ellos eran de nacionalidades americana, inglesa y algunas otras, dando de sus servicios en el Hospital Gorgas en Balboa, la zona del Canal de Panamá. Los doctores abrieron una clínica y trajeron toda clase de equipo y medicinas. Cuando sabíamos que los doctores iban a estar por allí, le avisábamos a los indios y ellos llegaban con sus huesos fracturados, morderuras de víboras, etc., lo que fuera. Los indios se quedaban tan agredecidos que se aparecían con regalos: huevos, fruta, cualquier cosa que tuvieran. No tenían dinero, pero querían pagar por el tratamiento recibido. Y a manera que esperaban ser atendidos nosotros les hablabamos del Señor. Los doctores estaban tan encantados con lo sucedido que poco a poco empezaron a traer a sus ayudantes, las enfermeras y después de un largo rato en la clínica les encantaba montar a caballo y cabalgar por la selva.

Nosotros requeríamos que participaran en los devocionales con nosotros y cada domingo temprano en la mañana y después del desayuno, tenía nuestro devocional. A todos les encantaba el devocional, hasta al loro, menos a Bárbara. El dueño de la única tienda en El Valle tenía un loro y supongo que nos oía cantando los domingos y decidió ir a ver qué era lo que pasaba. Juntos, nos sentábamos en la mesa bien larga con el loro en una estaca al final de la mesa. Después de la primera visita, el lorito siempre estuvo presente los domingos en la mañana para el devocional.

Bárbara, sin embargo me decía: "No Mami, no quiero ir a orar". Lo único que quería era jugar con sus muñecas. Le encantaba salir al frente de la casa y sentarse bajo un árbol a jugar con sus muñecas. Yo tuve que tener una plática con el Señor sobre eso y le pregunté que qué debía hacer con ella. ¿Debía obligarla a que participara en los devocionales? El Señor me contestó: "No, déjala y ya veremos". Bajo el árbol pasó los primeros dos domingos y el tercer domingo yo le dije: "Está bien. Puedes quedarte afuera, pero recuerda que estamos teniendo nuestro devocional y orando con los doctores alrededor de la mesa y recuerda que no nos puedes interrumpir y no debes entrar a la casa. Si quieres estar aquí afuera tienes que quedarte aquí bajo el árbol y no puedes entrar a la casa hasta que hayamos terminado".

Después de eso empecé a caminar de regreso a la casa y oí los pasitos de una niñita que me seguían para venir al devocional y desde ese entonces ella nunca más dejó de participar.

Thomas era el que predicaba y daba el mensaje y después de eso los doctores preparaban todo para la clínica ambulante y los indios empezaban a llegar. Así pasaba nuestro domingo en la selva.

El hecho de contar con la clínica ambulante fue una gran bendición. Con ella logramos visitar todos los pueblitos de indígenas y todos nos recibían con mucho agradecimiento y halagados de la atención recibida.

Después de varios meses de tener la clínica, empecé a enfermarme. Habíamos estado montando a caballo y no me sentía bien. Cuando llegamos a la casa le dije a los doctores que no me sentía bien y que dolía muchísimo el costado. Me había estado sintiendo mal toda la semana y ellos insistieron en examinarme. Cuando me examinaron encontraron algunas garrapatas y me las sacaron y creímos que tal vez ese había sido el problema.

"Si no se siente mejor, nos avisa, por favor", me habían dicho. A poca distancia de nosotros había un teléfono.

Y la verdad es que no me mejoré sino más bien me empeoré. Tenía una fiebre altísima. Estaba tan mal que David se sentaba al lado de mi cama y me pasaba la mano sobre la frente diciendo: "Pobrecita, pobrecita".

Finalmente, Thomas me dijo: "No puedes seguir así"; y se fue a llamar a los doctores. Ellos le dijeron que me llevara a la ciudad lo antes posible.

Era la época lluviosa y usualmente durante esa época, ningún vehículo podía entrar al Valle.

Thomas les dijo: "No tenemos cómo llevarla hacia la zona del Canal porque aquí no hay carros". Así que empezamos a orar.

Al día siguiente un carro llegó al Valle a llevar mercancía para la tienda y Thomas le pidió al conductor si me podía llevar al hospital.

"Sí", le dijo el vendedor, "podemos sacar el asiento trasero y hacer una cama allí para llevarla al hospital". Ellos me arreglaron un lugarcito y yo me metí al carro.

"Cuídame a los niños", le dije a Ventura y nos fuimos hacia el hospital. Primero fuimos a donde nuestros amigos vivían en la zona del Canal porque no pudimos ir directamente al hospital. Ellos llamaron al hospital para avisar que estábamos allí y el hospital envió a un técnico de laboratorio para que me sacara sangre. Después de los exámenes de sangre no encontraron nada malo y uno de los doctores dijo que tendría que venir a examinarme. El le dijo a Thomas que yo estaba muy, muy enferma y que creía que tenía tifoidea o el peor tipo de malaria.

"Pídele a Dios que no tenga esa clase de malaria", le dijo el doctor. El me hizo más exámenes e identificó el problema.

El me dijo: "Cuando vi qué era lo que tenías no pude hacer otra cosa más que bajar la cabeza y llorar. Al fin sabía qué era lo que tenías". Tenía el peor tipo de malaria que existe, la malaria de agua negra. Esta afecta el cerebro y generalmente mata en unas cuantas horas.

El doctor llamó a una ambulancia y me llevaron al hospital en donde me ingresaron porque era una visitante en la casa de mi amiga.

Los doctores que habían estado yendo a mi casa se quedaron en vela vigilándome por 48 horas y dándome medicina para la malaria. Ya que tenía malaria del peor tipo, no sabían cómo había sobrevivido por tanto tiempo. Ellos pasaron 48 horas conmigo hasta que al fin se me bajó la temperatura.

Nuestros amigos de la zona del Canal y el pastor de la iglesia bautista estaban muy preocupados por Thomas y yo.

Un día que me estaba sintiendo mejor me senté a la orilla de la cama pero un dolor muy fuerte, como una punzada me hizo pegar un grito y los doctores corrieron a mi lado y me dijeron: "Acuéstate y ni se te ocurra levantarte. Este tipo de malaria afecta el bazo. Ayer vimos a un hombre con lo mismo que se levantó y el bazo se le reventó y se murió".

"Ahora mismo me acuesto", les respondí. Thomas tuvo que regresar a El Valle pero yo me quedé en el hospital y luego me mudaron a la casa de mis amigos.

Los doctores me dijeron: "Vamos a ser muy francos contigo. Creemos que nunca más volverás a estar bien".

Y yo les contesté: "Ya veremos porque tenemos a un Dios muy poderoso".

"Sí ya sabemos que lo tienes", me dijo uno de los doctores, "pero tienes que tener cuidado".

Y con todo eso, me mejoré lo suficiente como para regresar a la selva, aunque todavía estaba muy débil. Era la época lluviosa y llovía todo el tiempo y mi esposo llamó a los doctores para decirles que no estaba muy bien, que no me estaba mejorando. Ellos le sugirieron que me llevara a la playa.

Junto con los niños nos fuimos de vacaciones a la playa, y bajo los rayos del sol y el agua salada empecé a mejorarme. Esa vacación fue una gran bendición y los doctores nos dijeron: "Quédense allí todo lo que puedan". Los niños y yo nos quedamos como un mes y Thomas fue y vino, siempre atendiendo a las necesidades de los indios.

Cuando al fin regresamos a El Valle, ya me sentía mucho más fuerte y pude volver a montar a caballo de nuevo. Los doctores continuaron llegando los fines de semana y cuando estaban en la casa siempre me cuidaban.

Poco después de todo esto, tuvimos que empezar el proceso para dejar Panamá. Por un lado, parecía que iba a ver una guerra y por otro lado, la iglesia católica tenía objeciones en cuanto a nuestra obra entre los indígenas. La constitución de Panamá establece que "La Iglesia cuenta con la responsabilidad de la educación de los grupos indígenas". La iglesia católica había dispuesta que los indios les pertenecían y los católicos tenían suficiente influencia sobre el gobierno para forzarlos a que nos expulsaran del país.

Los católicos sí hacían su obra con los indios. Un sacerdote que solía visitar el área se emborrachaba. Varias veces vi a los indios subiendo hacia la selva cargando al cura en sus brazos porque estaba demasiado borracho como para caminar.

Además para ese entonces, David ya había aprendido bastante español y hasta un poco de inglés.

Un día le pregunté: "David, de todo lo que haz visto desde que dejaste la selva, ¿qué es lo que más te ha impresionado?"

"Ay, lo que más me gusta", me dijo, "es la música".

"¿Y en dónde te impresionó tanto la música?", le volví a preguntar.

Y el me contestó: "En la iglesia". Yo me quedé sorprendida que la música que había oído en la Iglesia Bautista de Balboa había sido lo que más le había impresionado.

Y por supuesto que tuvimos que enviar a David de regreso a su familia. Thomas le explicó que teníamos que irnos, pero yo no creo que el se dio cuenta de que nunca más nos volvería a ver. Tiempo después me enteré, por medio de otro misionero que había visitado a los Chocos con mi esposo, que había ido a visitar a David a su casa y que lo había encontrado parado enfrente de su familia hablándoles sobre el Señor. ¡Qué emocionante había sido verlo parado frente a su familia dándoles el mensaje del Evangelio! Y mucho después recibimos la noticia de que David se había muerto. Poco a poco empezamos a recibir cartas del gobierno comunicándonos que teníamos que salir del país en cierta fecha y al principio Thomas trató de evitar que nos expulsaran. Hizo todo lo posible por explicarles lo que estábamos haciendo, y también le explicó a los indios lo que estaba sucediendo. Años después "New Tribes Mission" continuó el trabajo que empezamos en esa área de Panamá y ahora los indios Chocos ya cuentan con iglesias y en El Valle también hay iglesias de varias denominaciones.

Cuando el gobierno nos comunicó que tendríamos que salir del país, yo me amargué muchísimo. Yo no me amargo con frecuencia, pero no podía entender qué pasaba. "Señor, Tú nos trajiste acá. ¿Por qué tenemos que irnos ahora?", le decía yo a Dios. Tuve que orar muchísimo para conseguir la

Panamá: Lodo y estrellas   *89*

victoria sobre mi actitud y me tomó mucho tiempo recuperarme y despojarme de esa amargura.

También tenía miedo de lo que vería en Thomas, pues si yo me estaba sintiendo así: "¿Cómo se debe sentir él?" Thomas había trabajado con los Chocos y se había abierto camino entre la selva para llegar hasta donde vivían estas tribus indígenas en El Valle. Yo creí que este bloqueo en su ministerio le partiría el corazón, pero él no estaba amargado.

Sencillamente estaba convencido de que: "Esto es de la mano del Señor y después de un tiempo entenderemos porqué está sucediendo". Yo tuve que orar muchísimo para que Dios los perdonara porque no sabían lo que estaban haciendo; pero el Señor sí sabía qué estaba haciendo. Años después estando en Cuba, finalmente entendí la razón.

Cuando salimos de Panamá nos fuimos a Miami, pues en ese entonces, Lydia, la hermana de Thomas, estaba viviendo allí. Ella rentó una casa en Coral Gables para nosotros y empezamos a asistir a los servicios especiales de la Iglesia de la Alianza Cristiana y Misionera. El evangelista era muy bueno y los servicios magníficos.

Después de uno de los servicios anunciaron que si alguien tenía necesidad de ser sanado que se quedara en el santuario para orar por él. Yo conocía al evangelista y lo había oído predicar en Nyack.

Ya que yo todavía me sentía mal y muy débil le dije a mi marido: "Thomas, después del servicio de esta mañana, les voy a pedir que oren por mí".

Esa mañana oraron por mí y le dije al Señor que aceptaría Su sanación. La manera en que empecé a mejorar fue increíble. Después de unas cuantas semanas me sentía como otro persona, como una mujer nueva. Desde entonces, le he dado gracias a Dios por lo que Él hizo por mí.

Habría preferido olvidar la terrible malaria de agua negra, pero, alabado sea el Señor, una vez más Él me puso en el lugar adecuado al momento adecuado para recibir la ayuda que necesitaba.

Thomas tomando el primer viaje a Panamá desde Galveston, Texas. Mabel, el Sr. y la Sra. Sterl Phinney, Lydia Mason y amistades.

David, el hijo de un indio choco en Panamá. Él vivió con los Willey por una temporada.

Thomas, Ventura, Mabel, y sobre el caballo, Bárbara; con el perro, David y Tommy, en 1938.

La familia Willey alrededor de la época en que viajaron a Panamá por primera vez (en 1937).

Mabel Willey en 1951.

Thomas Willey en 1951.

Mabel en la antigua capilla de Los Cedros del Líbano con pastores cubanos.

Mabel frente a la iglesia bautista libre en Pinar del Río en 1988.

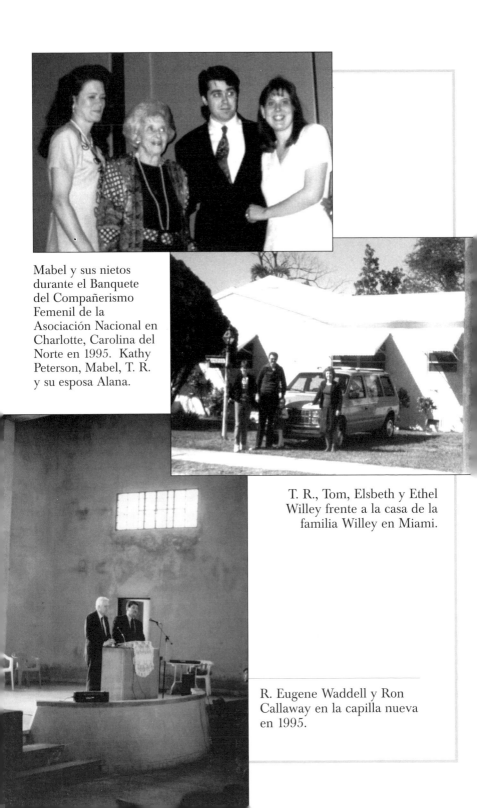

Mabel y sus nietos durante el Banquete del Compañerismo Femenil de la Asociación Nacional en Charlotte, Carolina del Norte en 1995. Kathy Peterson, Mabel, T. R. y su esposa Alana.

T. R., Tom, Elsbeth y Ethel Willey frente a la casa de la familia Willey en Miami.

R. Eugene Waddell y Ron Callaway en la capilla nueva en 1995.

Capítulo 12

Cuba: El toque y la dirección de Dios

El primer año después de regresar a nuestro hogar en los Estados Unidos, la Asociación Nacional de los Bautistas Libres estaba teniendo una convención en Bryan, Texas del 11-14 julio de 1939. Nosotros fuimos a la convención en Bryan y allí conocimos a Raymond Riggs por primera vez. Recuerdo bien que vi a nuestros pastores en sus rodillas orando y pidiendo al Señor que nos mostrara lo que debíamos hacer ahora[3].

Mientras continuamos en Miami nos encargamos de cierto trabajo que se nos delegó y en 1940 también asistimos a la convención anual de la Asociación Nacional en Paintsville, Kentucky. Allí la Junta aprobó un salario de $100.00 para nosotros y sugirió que regresaramos a Panamá a continuar la obra allí. Si eso no resultaba posible, entonces nos enviarían a Colombia a continuar la obra entre los indios Chocos que vivían allí. No pudimos asistir a la convención en 1941 en Drumright, Oklahoma, pero la Junta aprobó discutir con nosotros la posibilidad de enviarnos a la India y si eso no resultaba posible, entonces una delegación sería enviada a Cuba para investigar el campo.

---

[3]Los *Minutos* explican que el servicio del jueves en la noche fue dedicado a "la causa de las misiones". La Sra. T. H. Willey dio el mensaje y la audiencia se conmovió muchísimo con sus palabras. Una invitación resultó en 41 gentes pasando al frente para unirse a los encargados de la Junta Nacional y de Misiones Extranjeras en el altar. La ofrenda misionera fue de $126.15.

En esa sesión la Junta de Misiones Extranjeras acordó la transferencia de la familia Willey de Panamá a Nicaragua debido a "un gobierno intolerante en Panamá". La Junta también aprobó la continuación de su salario a $150.00 mensuales.

Habíamos oído que en Cuba existía una gran necesidad espiritual, pero yo siempre pensaba: "Ay, no. Eso no es lo suficientemente lejos. ¿Acaso no deberíamos ir a la Argentina o a Chile?" Pero no, siempre era Cuba, y Cuba. Algunos de los hombres interesados en las misiones en ese entonces eran I. J. Blackwelder, Winford Davis y Kenneth Turner, quienes vinieron y luego hicieron películas muy conmovedoras de la obra allá.

Nosotros conocíamos muy bien a la familia Paine que estaba en Cuba. Yo había asistido a Toccoa Falls con dos de los muchachos. Los papás de estos jóvenes eran misioneros en Cuba en la Provincia de la Habana. Yo sabía que Hugh estaba muy interasado en el ministerio en Cuba. Camino a Panamá, habíamos pasado por Cuba visitando a la familia Paine.

Paul, el hermano menor, vivía con su familia en Orlando y Hugh el hermano mayor vivía en Cuba. Los Paines tenían un edificio inmenso para su iglesia, en Jaruco. Habían hecho una gran obra estableciendo iglesias y los Paines eran miembros de los cuáqueros.

Ahora que el Sr. Paine se había muerto, los Paines nos habían invitado a Cuba pues la Sra. Paine no se quería regresar a los Estados Unidos pues estaba totalmente entregada a su obra allí y no quería abandonar a su gente. Los muchachos estaban preocupados y Hugh no quería continuar en Cuba, pero tampoco quería perder la obra que había logrado con tanto esfuerzo. Así fue cómo nos convenció para que consideráramos la obra en ese país. El nos dijo: "Vengan a Cuba, estudien a fondo la obra y luego decidiremos dónde existe más necesidad espiritual y el mejor lugar para que ustedes empiecen su trabajo". También nos sugirieron que procuráramos encontrar una casa en Jaruco, donde ellos tenían un colegio pequeño y que apenas se estaba sosteniendo. Los Paines nos invitaron a que nos quedaramos allí hasta que estuviéramos bien situados. Eventualmente, ellos nos entregaron la obra allí, a excepción

Cuba: El toque y la dirección de Dios

del hijo mayor que continuó viviendo ahí y siguió con otro tipo de trabajo misionero.

Nosotros hablamos con el hermano Blackwelder y le dijimos que en Cuba había una puerta abierta y que creíamos que el Señor nos estaba conduciendo en esa dirección.

"Francamente", nos dijo él, "si yo fuera ustedes no iría. No sé si nuestra gente los va a proveer su sustento". Eso me decepcionó muchísimo a mí.

"Tal vez no debemos ir", le dijo a mi esposo.

"¿Por qué no?", me preguntó él. "Hay dos cosas de las que estoy muy seguro. Yo sé que Dios nunca nos abandonará y también estoy seguro que nuestra gente, los Bautistas Libres, tampoco nos abandonarán". Y nunca, aún a través de los años, lo han hecho.

Con esa seguridad, partimos hacia Cuba y ya para la siguiente fecha de la convención anual de la Asociación Nacional de Bautistas Libres en 1942 en Columbus, Mississippi, podíamos informar que contábamos con una obra creciente en Cuba.

Hugh Paine nos había informado que había conseguido una casa para nosotros pero que no tenía muebles. Ibamos a llegar en barco y cuando llegamos a la embarcación esa tarde yo contaba con dos dólares en mi bolsa y creo que Thomas no tenía nada. El estaba conversando con uno de los pasajeros que iba rumbo a Cuba a visitar a Batista, el presidente del país en ese entonces. Thomas se acercó a donde estaba el hombre que estaba inspeccionando nuestro equipaje y todas las cosas que llevábamos.

Este oficial le dijo a mi esposo: "Lleva más peso de lo debería, y tendrá que pagar $10.00. Thomas trató de convencerlo que por favor dejara que todo se fuera sin pagar pero él no quiso. El pasajero con el que Thomas había estado hablando oyó la conversación y le dijo al oficial: "¿Por qué le está cobrando de más a este hombre?", le preguntó. "Es un misionero, camino a Cuba".

"Lo siento, pero tenemos que cobrar cuando hay peso adicional".

"Bueno, sí eso es lo que tiene que hacer, entonces deje que pague yo", dijo el pasajero, y se metió la mano al bolsillo de donde sacó los diez dólares para pagar la multa. Y así pues, estábamos a bordo del barco, rumbo a Cuba.

Mi esposo se pasó toda la noche hablando con este señor. Aunque en la actualidad era un abogado, había sido un pastor metodista y a la mañana siguiente le dijo a mi esposo: "Quisiera conocer a su esposa y a sus hijos".

Cuando llegamos a Cuba, Thomas nos presentó y él me saludó a mí y a los niños. Cuando le dio la mano a los niños, les colocó un billete de $10.00 en la mano a cada uno. Yo rápidamente agarré el dinero por miedo a que los niños nada más lo tiraran.

Cuando pasamos por la Aduana el oficial a cargo nos dijo: "Lo siento, pero tienen que pagar el impuesto por las cosas que traen".

"¿Y cuánto es?", le preguntó mi esposo.

"Veintidos dólares", fue su respuesta.

Yo saqué los dos billetes de diez dólares y los dos dólares que tenía y así pagamos, y finalmente estábamos en Cuba.

Hugh nos había ido a recibir y nos iba a llevar a Jaruco. Luego fuimos a conocer a la Sra. Paine, o Mamá Paine. En aquel entonces era viuda y su esposo había sido un gran misionero en Cuba.

En la casa que tenían para nosotros, habían unos cuantos colchones pero no camas. El abogado nos preguntó que dónde nos ibamos a hospedar en Cuba y al día siguiente, nos fue a visitar. Cuando se fue nos dejó $50.00.

Nuestro Tommy empezó a hacer amiguitos casi de inmediato, pero con Bárbara tuvimos unas cuantas dificultades. Nada le gustaba, sobre todo la iglesia. En Panamá habíamos presenciado esta actitud un poco, pero ahora había vuelto a manifestarse. En los Estados Unidos la situación había sido un poco mejor porque estaba con niños que eran como ella, pero en Cuba no quería ir a la iglesia y esto se convirtió en un gran problema para nosotros. Nosotros nos hicimos muy activos en la iglesia pues las gentes eran muy lindas.

Hugh se había hecho a la idea de que yo debía estar a cargo de los cantos.

Yo le había dicho: "Bueno, voy a tratar, pero como verás no sé mucho español".

"Lo harás muy bien" me había dicho él.

Recuerdo una noche en la que estaba guiando los cantos y quería que la congregación se pusiera de pie.

Me puse a pensar tratando de acordarme: "¿Cómo se dice de pie?"

Sabía que *levantar* quería decir elevar, así que sólo le dije a la gente: "Levanten los pies".

"Levanten los pies y vamos a cantar la última estrofa".

Hugh que estaba parado en la parte de atrás empezó a carcajearse. Nadie más se rió. Todos se levantaron porqué sabían qué era lo que quería que hicieran; pero yo sabía que había dicho algo inadecuado.

Cinco casas en Cuba

Nuestra primera casa en Cuba fue en Jaruco. En 1942 nos mudamos de esa casa a otra que quedaba en Pinar del Río. Meses después volvimos a mudarnos a una casa más grande situada en la misma calle, Vintades, y empezamos a usarla como iglesia. Con el tiempo, pudimos alquilar una casa de verano a las afueras de la ciudad. La casa le pertenecía a un hombre rico que se sentía feliz de poder alquilarle su casa a unos americanos que se la sabrían cuidar bien. Este lugar nos encantaba pues tenía un jardín muy bello y bien grande.

Durante esta época, tuvimos una maestra para los niños, su nombre era la Srita. Olive Van Syke. Ella se encargó de darle clases a Tommy y Bárbara por unos dos o tres años. Su recomendación era procedente del estado de Iowa y ella no era Bautista Libre.

Nuestra siguiente mudanza fue hacia el colegio. Yo ya estaba ansiosa de mudarnos al colegio pues estaba sufriendo de parásitos con los que me había infectado en Cuba. En ocasiones tenía hasta un máximo de cuatro tipos de parásitos y los médicos me dijeron que nunca me curaría, pero cuando llegué al colegio me sentí mucho, mucho mejor.

Allí nos habían construido una casa con una oficina muy grande. Teníamos dos cuartos para dormir, un comedor y una cocina. También teníamos una bañera hundida (hecha de azulejos) en el cuarto de baño y una chimenea. Esta casa era un lugar hermoso. Me encantaba porque uno de los jóvenes me ensillaba un caballo y yo cabalgaba por las colinas. Luego conseguí a una joven cubana para que me ayudara con los quehaceres en la casa. Con todo esto, empecé a recuperarme.

Un día iba en el bus rumbo a Pinar del Río. Casi nunca tomaba el autobús, pero en esta ocasión ni el camión ni el jeep estaban accesibles. Yo estaba sentada a solas en mi asiento cuando el bus se paró en la parada y un hombre se subió a él. De inmediato reconocí que era un doctor y él me pidió permiso de sentarse junto a mí y yo, por supuesto, le respondí que sí.

Mientras el bus avanzaba él me dijo: "Estoy muy contento de estar sentado aquí porque tengo una pregunta que desde hace rato quiero hacerle a uno de ustedes. ¿Me permite hacerle una pregunta?"

"Por supuesto".

"Ustedes son americanos y tienen todo el derecho de vivir en los Estados Unidos. Lo que yo quiero saber es porqué han venido a vivir aquí y a vivir entre estas gentes cuando podrían estar viviendo en los Estados Unidos. ¡Quiero saber porqué!"

Primero pensé: "Ay, Dios mío, ¿cómo le voy a contestar?"

Finalmente, me volteé hacia él y le dije: "¿Le molestaría contestarme una pregunta? ¿Puede usted explicarme por qué fue que Jesucristo abandonó el cielo y todo lo que El tenía para venir a este mundo, nacer, vivir y ser crucificado en una cruz por usted y por mí?"

El me miró muy sorprendido y luego dijo: "Bueno, me imagino que porque El nos amaba".

"Esa es exactamente la razón. Y ese es el motivo por el que estamos aquí. Lo amamos a El y amamos a la gente cubana".

Más siervos para el ministerio cubano

Damon y Sylvia Dodd llegaron a Cuba en 1945. Ellos también se hospedaron en el colegio, en donde daban clases, pero sólo se quedaron una temporada pues en 1947 se regresaron a los Estados Unidos.

En 1943 la Srita. Bessie Yeley se unió a nosotros en su servicio en Cuba. Ella fue motivo de gran gozo para nosotros. Siempre fue muy cariñosa y especial con nuestros hijos y Tommy y Bárbara la adoraban y a menudo le pedían que les leyera libros. Ellos se subían a sus piernas y la abrazaban y le hacían cariñitos.

En la obra también fue de gran ayuda. Las gentes cubanas la amaban muchísimo y a ella le encantaba ministrarles. Ella trabajaba en una de nuestras iglesias a poca distancia del colegio. Aunque daba unas cuantas clases en el colegio, lo que prefería era trabajar entre la gente cubana. Con el tiempo, construyó una casa en terrenos del colegio y se dedicaba a ir y venir a la iglesia en la que obraba.

Ella estuvo en Cuba con nosotros por mucho tiempo. Para mí fue un gran consuelo tenerla cerca. Recuerdo que cuando vivíamos en el centro de la ciudad nos llegaba a visitar y se acostaba en la cama con un niño a cada lado, con ellos rogándole que les leyera un libro. Tan pronto terminaba de leer un libro le rogaban que empezara otro.

También recuerdo cuando pasó un huracán y ella estaba acostaba en la cama con Tommy a un lado y Bárbara en el otro. Tuvimos que colocar toallas bajo las aberturas de las puertas para evitar que se metiera el agua a la casa, pero ella y los niños estaban de lo más tranquilos y calmados.

Habiendo pedido permiso para un descanso en los Estados Unidos, estando allí se enfermó y nunca más regresó. En 1949 Robert Wilfong y su esposa Jerry, también se unieron a nosotros en la obra a los cubanos. Jerry estaba a cargo de la contabilidad en el colegio. Ellos vivían en el campus y Bob, como nosotros le llamábamos, trabajaba en el colegio. En 1952 dejaron el campo misionero.

Herbert y Edith Phenicie llegaron con grupos de estudiantes de verano de la Universidad de Biola que se estaban especializando en misiones. Los Willeys tuvimos un seminario de dos semanas para equipar a estos estudiantes. Herb era un ingeniero y Edith era una tenedora de libros profesional. Después de un par de visitas, sometieron una aplicación a la Junta de Misiones y la Junta los aprobó como misioneros junto con sus hijos gemelos. Ambos fueron de gran valor para nosotros pues la Sra. Phenicie se encargaba de mantener al día los libros para el colegio y trabajaba como secretaria. El Sr. Phenicie era un hombre que sabía hacer de todo y era un trabajador árduo.

Recuerdo un incidente sobre la Sra. Phenicie. Bárbara se encontraba en Toccoa y necesitaba un abrigo pero nosotros no teníamos el dinero para comprárselo. Alguien nos había enviado un cheque para comprar algo que necesitábamos en la cocina.

La Sr. Phenicie nos dijo: "¿Por qué no usan parte de ese dinero para comprarle un abrigo a Bárbara?"

A lo que mi esposo respondió: "¡No! Ese dinero fue enviado para comprar algo para la cocina y lo vamos a usar para eso".

Creo que eso la molestó un poco.

Días después la familia de Fred Riverbanks le envió a Bárbara un paquete. Cuando lo abrió se quedó sorprendida de ver que contenía un abrigo nuevo y muy estilizado. ¿Cómo sabían ellos que ella necesitaba un abrigo? Pareció

Cuba: El toque y la dirección de Dios   99

haber sido una respuesta directa a sus oraciones, otra prueba más de que Dios provee lo necesario para los Suyos. Bárbara estaba feliz con su abrigo.

Herb estaba a cargo del mantenimiento de todos los vehículos y a menudo lo veíamos reconstruyendo partes o componiendo repuestos que había sacado del depósito de chatarra.

Los Phenicie se construyeron una casa muy hermosa detrás del garaje en el campus del colegio. El era el constructor en el colegio y todo lo que construyó en aquel entonces todavía existe en la actualidad. Además de construir su propia casa, también construyó una casa para Benito Rodríguez, para Tommy y Ruth y una casa impresora y un edificio para oficinas.

Una pareja que vivía en Georgia nos regaló un autobús y el Sr. Phenicie se sentía tan orgulloso de tener ese bus que lo mantuvo en perfecta condición todo el tiempo que estuvo allí. El siempre fue una gran bendición.

Me parece que ellos salieron de Cuba cuando empezó la lucha con Castro.

Lucy Wisehart llegó a Cuba en 1953. Mi esposo la quería muchísimo. A él le encantaba llevarla a todos los servicios y sin advertirle antes le pedía que cantara algo. El se sentía muy orgulloso de tenerla.

Lucy vivía en el dormitorio de las muchachas y en el colegio, trabajaba con la música. Ella fue una gran maestra para las muchachas; y tras la partida de los Phenicies también se encargó de la contabilidad.

En una ocasión, Lucy se puso muy, muy enferma. El diagnóstico de los doctores en Cuba fue que tenía tuberculosis y cuando no se mejoró, le sugirieron que regresara a los Estados Unidos para recibir tratamiento. Un doctor en Nashville finalmente logró el diagnóstico adecuado: histoplasmosis. Ella y Felix Jesús Lima se habían comprometido en ese entonces y estaban planeando casarse. Estando ella aquí, él viajó a los Estados Unidos en donde tuvieron su ceremonia matrimonial en la capilla del Instituto Bíblico Bautista Libre. Luego regresaron a Cuba en donde estuvieron a cargo de una de las iglesias ahí hasta 1961, cuando se vieron forzados a salir de Cuba debido a la revolución. Mi hijo Tom y su esposa Emma Ruth llegaron a Cuba a unirse a la obra con nosotros en 1956. Alicia, su hija mayor, nació en Cuba y se hospedaron en la casa que el Sr. Phenicie había construido en los terrenos del instituto. Justo antes de la toma de posesión de las fuerzas rebeldes de Castro, habían regresado a Miami para el nacimiento de su segundo hijo y debido a complicaciones con el embarazo, tuvieron que buscar ayuda médica en Miami, pero aún así, el niño nació muerto. Debido a lo sucedido, no consiguieron autorización para regresar a Cuba.

Capacitación de futuros misioneros

Mi esposo había hablado con el Sr. Charles Thigpen del Instituto Bíblico Bautista Libre para ver si lograba que enviaran a Cuba, para desarrollar las habilidades y ganar experiencia, a aquéllos estudiantes interesados en misiones. De hecho, ya habíamos estado trabajando junto a estudiantes de la Universidad de Biola en California. De esa universidad habían estado enviando sus futuros misioneros para que se entrenaran con nosotros durante el verano. Esto había sido un verdadero ministerio, y para nosotros era un gozo inmenso contar con estos estudiantes.

Un número de estudiantes del Instituto Bíblico que estaban anticipando su envío a algún país en el campo misionero llegó a obrar junto a nosotros durante varias semanas en el verano. Estábamos haciendo planes para que hicieran su viaje durante su tercer año de estudios pues Cuba no quedaba lejos y era un país razonablemente económico. El dueño de la compañía naviera proveyó pasaje gratis para los alumnos que procedían de institutos bíblicos y aunque no

Cuba: *El toque y la dirección de Dios*

logramos hacer esto por muchos años, cosas increíbles ocurrieron, y fue un gran gozo poder hacerlo. Recuerdo, en especial, a una joven de la Universidad de Biola. A su llegada no nos percatamos que aún no había aceptado al Señor. Ella estaba interesada en el programa de misiones pero todavía no era cristiana. En el tiempo que estuvo con nosotros, le entregó su vida al Señor. Entre los estudiantes, también hubo aquéllos que sintieron que Dios los estaba llamando a ser misioneros, pero cuando se dieron cuenta de lo mucho que les costaría y de los sacrificios que tendrían que hacer y el tipo de vida que tendrían que llevar, decidieron que ese no era su llamado. Estamos contentos que tomaron esa decisión antes de ser enviados por la Junta a algún país a servir.

Recuerdo que Ken Eagleton no estaba pensando en el campo misionero, pero estando en Cuba como parte del grupo de estudiantes del Instituto Bíblico Bautista Libre, recibió una gran visión sobre las misiones y luego se convirtió en misionero a Brasil. June Riverbark también fue una de las alumnas visitantes, y todos creíamos que ella sería misionera en el futuro; pero cuando vio cómo era la vida de un misionero en un país extranjero, decidió rápidamente y en buena hora que eso no era lo que el Señor quería para ella. Dave Franks, quien más adelante se convirtió en misionero al Brasil, también fue parte de este grupo de estudiantes. Otros de los alumnos fueron Paul y Wanda Wood y Mary Frances Hess.

Educando a mis hijos

Al principio, yo empecé a darle clases a mis hijos. Mientras estuvimos en Panamá, Tommy estuvo en el primer grado y Bárbara en una clase para preescolares. Para el segundo grado de Tommy, ambos niños estaban en Miami. Yo me encontraba dándole clases a los niños en Cuba, cuando empezó la guerra.

Debido a esto, decidimos que enviaríamos a Tommy a los Estados Unidos. Recuerdo bien cuando lo llevé al último buque que zarpó de Cuba después que la guerra fue declarada oficialmente. Lo enviamos a la casa de su tía Lydia en Miami. Para mí fue sumamente difícil dejar ir a mis hijos. Me acuerdo que Tommy me puso el brazo alrededor del cuello y me dijo: "Mami, no me envíes a otro lado". Casi me partió el corazón, pero entonces recordé aquel versículo: "...sufre penalidades como buen soldado de Jesucristo".

Al recordar ese versículo tuve fuerzas para decirle: "Mi hijito, esa es la palabra del Señor que nos fortalecerá porqué yo sé que no es fácil". Después de eso el fue muy valiente y se subió a la embarcación, el último barco norteamericano saliendo de Cuba. Para nosotros no existía ninguna otra manera de salir de la isla y Bárbara finalmente llegó a los Estados Unidos al año siguiente. Tommy supo adaptarse, pero Bárbara se sentía muy triste en Miami. Allí se quedaron para los años escolares de 1941-42 y 1942-43.

Meses después, en Cuba, contamos con la ayuda de la Srita. Olive Van Syck como maestra del cuarto, quinto y sexto grados, y debido a que Niña Celorio estaba con nosotros durante esa época, la Srita. Van Syck se dedicaba a darle clases a ella también.

La mamá de Niña era viuda y quería estudiar. La única manera en que podía hacerlo, era permitiendo que alguien más cuidara a sus hijos. Así pues, ella empezó a tomar clases en nuestro colegio y la Srita Yeley se encargó de una de sus hijitas. Nosotros nos responsabilizamos por el cuidado de Niña. Más adelante, Tino, su hermano, también empezó a tomar clases en el colegio.

Tommy fue al colegio en Los Pinos por un año durante su primer año de bachillerato. Este colegio era para los hijos de los misioneros de ese grupo y estaba situado más o menos en medio de la isla.

En 1947 enviamos a nuestros dos hijos al Instituto de Toccoa Falls. Cuando enviamos a Bárbara y Tommy, también mandamos a Niña. Bárbara estaba en la primaria y Niña y Tommy estaban empezando la secundaria. Todo se mejoró para ellos en Toccoa, a excepción de cuando primero llegaron, que a Bárbara le dio apendicitis y tuvo que ser hospitalizada. La tuvieron que operar y yo no pude estar con ella, pero me consolé con la idea de saber que por lo menos Niña estaba con ella.

Al graduarse de Toccoa, Tom, Niña y Bárbara se matricularon en el Instituto Bíblico Bautista Libre. Allí fue donde Tom conoció a Emma Ruth, que se convertiría en su esposa. Emma Ruth era la hija del Sr. y la Sra. J. R. Bennett originarios de Newport, North Carolina. Su papá era el pastor de la iglesia bautista libre de esa ciudad.

Bárbara conoció a John Moehlman, con quien eventualmente se casó. John era el hijo del Sr. Charles Moehlman y su esposa Lou de Bryan, Texas. Es interesante notar que era el nieto de la mujer que nos había cuidado cuando mi esposo se encontraba haciendo su viaje para estudiar la situación en Panamá.

Niña conoció a Durward Long y se casó con él. El era el hijo de Melvin y Ramona Long, originarios de Alabama.

El sermón de Tommy y la respuesta de Bárbara

Cuando llegamos a Cuba estábamos muy preocupados con Bárbara pues no quería asistir a la iglesia. Tommy ya había aceptado al Señor Jesucristo como Salvador a la edad de siete años; pero Bárbara que tenía seis años, no había mostrado ningún interés en entregarle su vida al Señor.

Un día teníamos visitas así que fui a acostar a los niños bajo el mosquitero y como sólo teníamos dos cuartos para dormir los dos niños dormían en el mismo cuarto. Después de acostarlos yo me regresé a la sala donde estaban nuestros amigos.

De repente, oí un llanto bien recio y suspiros que procedían del cuarto de los niños. Yo me disculpé ante las visitas y fui al cuarto de los niños. La que lloraba era Bárbara, estaba llorando como si se le hubiera partido el corazón. Yo le pregunté: "¿Qué te pasa Bárbara?" Y saliendo de entre el mosquitero me dijo: "Quiero ser salva y quiero aceptar a Jesús". "¿Crees que ya estás lista ahora?", le pregunté. Y en medio de sus lágrimas me contestó: "Sí, yo quiero irme al cielo cuando todos ustedes se vayan. No quiero que ustedes se vayan y me dejen aquí. Yo quiero ser salva". De inmediato, se arrodilló junto a la cama, mientras yo me preguntaba qué había pasado. Yo oré por ella y luego ella oró y al fín dejó de llorar y todo pareció estar bien.

La mañana siguiente, Tommy me contó todo lo que había sucedido.

"Bueno", dijo Tommy, "nos fuimos a acostar y ella no quería orar, así que yo le dije: 'Entonces cuando Jesús venga a recoger a su iglesia, yo me voy a ir con él y también mamá y papá van a irse, pero tú te vas a tener que quedar aquí y te vas a quedar solita'. Yo le dije: 'Y bueno, tú no quieres ir a la iglesia, no quieres leer tu Biblia y no quieres hacer nada, y Jesús no te puede llevar con El.' Y por eso empezó a llorar", me dijo él.

Después de esa noche Bárbara se convirtió en una niña distinta. Nunca más volvimos a tener dificultad en llevarla a la iglesia o para que aprendiera a amar la palabra de Dios. Fue verdaderamente increíble. Nosotros siempre consideramos que Tommy la condujo al Señor y esa noche él le predicó un mensaje muy efectivo.

El milagro de Tommy

Era la mañana del día de Navidad en 1945 y en ese temporada estábamos alquilando un chalet; la casa de verano de un hombre muy rico, justo a las afueras de Pinar del Río. Nos íbamos a juntar en nuestra casa para celebrar la Navidad y la familia Dodd y la Srita Olive vendrían a celebrar con nosotros.

Cuba: El toque y la dirección de Dios　　105

Este chalet fue un lugar maravilloso para los niños. Tenía jardines formales en miniatura, un patio inmenso y establos para los caballos. Al frente había un portal inmenso de hierro forjado, algo muy común entre las casas de los cubanos ricos. Esa mañana del día de Navidad, los niños estaban jugando a la entrada del lugar con algunos de los niños del vecindario. Tommy tenía como trece años de edad y Bárbara unos once. Damon, Sylvia, la Srita. Olive, Thomas y yo estábamos muy ocupados haciendo todos los preparativos para la cena navideña.

De repente oímos que las niñas estaban gritando y corrimos afuera y al salir vimos a Tommy que venía caminando hacia la entrada con una mano en el pecho. Su papá corrió a cargarlo y lo metió a la casa. Nunca me olvidaré de lo que vi. El lo colocó bajo el árbol de Navidad. Tommy estaba pálido y sangrando, y sabíamos que teníamos que hacer algo.

Le preguntamos a las niñas que qué había pasado y ellas nos dijeron que él se había caído encima de la cerca. Se había subido sobre el ornamento que estaba sobre las columnas de la cerca y cuando se había sentado sobre él se había desplomado. Tommy se había resbalado junto con el ornamento y había aterrizado sobre las barras puntiagudas de las puertas de hierro forjado. Dos de las puntas de hierro le habían perforado el cuerpo, una en el medio del pecho y la otra en la parte interior del brazo derecho.

No teníamos un carro y no sabíamos cómo llevarlo al doctor o al hospital.

Algunos de nuestros amigos que nos habían venido a visitar, todavía estaban en la parada del autobús a unas 200 yardas de distancia. Cuando vieron lo que había sucedido convencieron al chofer a que los llevara a nuestra casa y Thomas y yo subimos a Tommy al autobús y lo llevamos al hospital de Pinar del Río. Los doctores lo examinaron y nos dijeron que no podían hacer nada por él. Ni siquiera podían pensar en operarlo. Le pusieron compresas de sulfamida para que dejara de sangrar y nos dijeron que lo lleváramos a la Habana.

La Habana estaba a 119 millas de distancia. Finalmente, nos consiguieron una ambulancia, y yo me senté en la parte de atrás con Tommy. La mayoría del tiempo él estuvo consciente; hacía mucho calor y el viaje que usualmente tomaba unas dos horas y media, nos tomó cuatro. La ambulancia se descompuso cinco veces (de regreso a Pinar del Río se le cayó una de sus ruedas y se dio vuelta). Yo hice todo lo que pude para que se mantuviera fresco y cómodo. Lo único que podía hacer era orar.

Al fin llegamos al Hospital Anglo-Americano y los empleados corrieron llevando a Tommy a través de la emergencia. A nosotros nos dijeron: "Esto va a requerir al mejor cirujano que podamos encontrar. Conocemos a uno pero él no se encuentra aquí hoy, y no sabemos si lo podemos localizar porque el día de Navidad siempre se va de caza, pero haremos todo lo que podamos para localizarlo".

El Dr. Rodríguez Díaz, procedía de la provincia de Pinar del Río y era dueño de una gran haciendo en las montañas. Cada Navidad se iba a cazar patos. Ellos lo llamaron a su casa en la Habana y por la gracia de Dios, se encontraba allí. El se presentó de inmediato, cosa que fue una respuesta a nuestra oración. Ese fue el primer milagro. Nosotros le rogamos al cirujano que hiciera lo que fuera necesario, y en ese momento ni siquiera sabíamos lo graves que habían sido las heridas de Tommy.

El nos dijo: "Esto va a ser muy grave".

Necesitaban sangre y no podían encontrarla. Thomas les dijo: "Sáquenme la sangre a mí".

Y el doctor nos dijo: "Bueno, la verdad es que la sangre de un padre y su hijo raramente son del mismo tipo".

Y luego ocurrió el segundo milagro. La sangre de Thomas y la de Tommy eran compatibles. De inmediato le empezaron a sacar sangre a mi esposo.

Cuba: El toque y la dirección de Dios 107

El hospital preparó un cuarto para nosotros junto al de Tommy para que pudiéramos quedarnos con él. Pasamos la madrugada en vela y aunque el accidente había ocurrido al medio día, la operación no se llevó a cabo sino hasta casi la media noche. Nos pareció como un tiempo interminable de horas y horas. Al fin, casi al amanecer, nos informaron sobre lo que habían tenido que hacer.

Primero le operaron el lado derecho del pecho y el cirujano le cerró esa herida, pensando que ya había terminado allí y empezó a cerrarle la herida que tenía en medio del pecho cuando empezó a desangrarse con una hemorragia. El doctor tuvo que volver a abrir la herida que había cerrado y cuando en su desesperación aún no podía localizar la arteria de donde se estaba desangrando, le tuvo que hacer una cortada en el cuello. Al abrirle el cuello se dio cuenta que la yugular era la vena que estaba abierta y causando la hemorragia. Durante todo ese tiempo uno de los músculos se había enredado alrededor de la vena yugular manteniéndola cerrada. Eso había prevenido que la sangre emanara de la vena yugular, controlando una posible hemorragia. A manera que operaban, el músculo se había relajado y la yugular había empezado a sangrar. La manera en que este músculo se envolvió o enredó alrededor de la yugular, fue lo que le salvó la vida a Tommy. De otra manera, se habría muerto desangrado camino al hospital. Y ese fue el tercer milagro.

Finalmente, le cosieron la vena yugular, le cerraron la herida al costado nuevamente y luego se dedicaron a cerrar la herida que tenía en medio del pecho. El doctor nos explicó que la herida en el centro de su pecho había estado a menos de un cuarto de una pulgada de su corazón. Ellos lograron reparar todo el daño y finalmente lo cosieron, cerrándole la herida. Tommy había recibido la sangre de su papá y la de una cantidad de cubanos que reclutaron de las calles de la Habana esa noche.

A la mañana siguiente deseaba tanto verlo y finalmente nos permitieron entrar a su cuarto por un momentito. Estaba bajo una tienda de oxígeno y ahí tirado en la cama se veía muy frágil y pálido. Aún así, él me dijo: "Mami, yo creo que esa enfermera estuvo en el ejército porque tiene un prendedor del ejército". Todo lo que tenía alrededor era tan nuevo para él que estaba emocionado.

Nos permitieron usar el cuarto allí como por una semana y su recuperación y progreso fue tan rápido que en tres semanas pudimos llevarlo de regreso a la casa. Se recuperó de esa experiencia tan rápidamente que sólo pudo haber sido la gracia de Dios.

Unas tres semanas después tuvimos un servicio especial y Tommy estaba presente. Durante el tiempo para dar testimonios, él se puso de pie y aunque todavía estaba muy débil, quería dar su testimonio. "El diablo trató de matarme", dijo Tommy, "pero creo que el Señor tiene planeado algo para que yo haga y todavía estoy vivo". Nunca me he olvidado de ese testimonio.

Como un mes después Thomas llevó a Tommy al hospital para que el cirujano le hiciera un chequeo. Thomas le dijo al doctor: "Doctor, no voy a poder reembolsarle de una sola vez por lo que ha hecho, pero si es paciente conmigo, me aseguraré de que se le pague lo que se merece por salvarle la vida a mi hijo". El cirujano se le quedó mirando y le contestó: "Sr. Willey, usted no me debe ni un centavo. Si usted puede vivir aquí y hacer lo que hace por mi gente, esto es lo que yo puedo hacer por usted". Y ese fue otro gran milagro del Señor. La manera en que el Señor proveyó para nosotros lo necesario durante este suceso, fue algo increíble. Un tiempo después el señor que era dueño del chalet vino a visitarnos y se disculpó porque el adorno no estaba en buenas condiciones. El también era el gerente administrativo del hospital y me dijo a mí: "Tengo que ser franco con usted. Nunca he visto a dos personas pasar por una experiencia tan difícil como la que les tocó pasar a ustedes y enfrentarla con tanta calma. No podía entenderlo. Yo estaba en el hospital ese día y tuve oportunidad de observarlos. Todavía no puedo entender cómo lo hicieron. Dígame, ¿cómo pudieron aguantar tanto y con tanta tranquilidad?"

Y pensé: "O querido Señor, ayúdame a darle una respuesta a este hombre".

Yo le dije a ese señor: "Se ha fijado en estas montañas que nos rodean y los árboles maravillosos que tenemos. El tipo de árbol que puede aguantar una tormenta, y las tormentas sí que sacuden a estas montañas; pero los árboles siguen bien erguidos porque pueden soportar los vientos y las tormentas no pueden derrotarlos, y ¿sabe por qué? Porque tienen sus raíces firmemente plantadas en la tierra y hasta alrededor de las rocas. Cuando hay tormentas, ellos se paran firmes. Se mueven de un lado a otro, pero no se caen porque sus raíces son profundas. Una roca las ancla.

"Y como esos árboles, nosotros tenemos nuestras raíces bien plantadas en Dios. El es nuestra roca. Conociéndolo íntimamente y sabiendo que El está en control, nos ayuda a enfrentar las tormentas de la vida. Las tormentas nos pueden azotar, pero El está ahí en medio de la tormenta sosteniéndonos firmemente"

Sólo podía desear que nuestro testimonio en medio de la crisis hablara a este hombre sobre la realidad de la fe en Dios.

Un colegio milagroso

En Cuba nos quedamos en la casa de la familia Paine por mucho tiempo y cuando mi esposo empezó a viajar a través de la isla, descubrió que la provincia de Pinar del Río era la más abandonada de las seis provincias. La necesidad de llevar el mensaje a esa área era verdaderamente imperante.

Para ese entonces la Segunda Guerra Mundial ya había empezado y puesto que la isla no contaba con una escuela en donde impartieran clases en inglés, tuvimos que darles clases a los hijos en la casa.

En poco tiempo nos mudamos a Pinar del Río, alquilamos una casa y empezamos a tener un servicio. Algunos de nuestros vecinos se interesaron en estos servicios. Mi marido quería llevarle el Evangelio a más gentes así que empezó a visitar las áreas circundando la ciudad. Durante el día cabalgaba por las montañas y de noche usaba la silla de montar como almohada. Al día siguiente, se levantaba temprano y empezaba su búsqueda de gente. En donde veía humo, sabía que allí había gente. Al llegar al lugar deseado, empezaba a platicar con el hombre que parecía ser el encargado de la familia, y así empezó a ganarse uno por uno a estos hombres para el Señor. Después de platicar con los hombres, éstos llamarían a sus esposas e hijos y Thomas les testificaría y casi siempre le preguntarían: "¿Sabe de alguien que pueda venir a enseñarnos la Biblia?"

En los primeros meses no teníamos a nadie a quien enviar y eso fue un problema al principio, pero nos hizo darnos cuenta que teníamos que capacitar a los cubanos. Tendríamos que ubicar a los jóvenes, hombres y mujeres, que podrían asistir al insituto bíblico, prepararse y luego ir a llevarle el Evangelio a sus gentes. La enseñanza y la capacitación de los cubanos se convirtió en nuestro método misionero. Este método fue muy efectivo en Cuba, y yo personalmente considero que es la razón por la cual la Iglesia Bautista Libre ha continuado existiendo en Cuba hasta ahora.

Thomas se dedicó a visitar pueblo tras pueblo, y también visitó el Instituto Bíblico llamado Los Pinos Nuevos, que era una institución a cargo de la Misión de las Indias Occidentales y que estaba situada en el centro de la isla. Los administradores de esta institución eran canadienses. Ellos nos recomendaron a dos jóvenes muchachos diligentes y sinceros como posibles pastores. Mi esposo contrató a ambos jóvenes que eran graduados de ese instituto bíblico. Ellos llegaron a Pinar del Río y se unieron a Thomas visitando y predicando en varias localidades.

Cuba: El toque y la dirección de Dios

Tuvimos la oportunidad de ver a muchos jóvenes entregarse al Señor. Estos jóvenes procedían de los lugares en los que estábamos trabajando como por ejemplo Pinar, la Habana y Matanzas. El gran crecimiento de la obra nos dejó muy sorprendidos. Cuba parecía ser como un árbol que tiene el fruto maduro y todo lo que nosotros teníamos que hacer era recogerlo.

Juntos decidimos que lo que necesitábamos para la capacitación de obreros, era un colegio. Lo primero que hicimos fue buscar un terreno, una propiedad adecuada. A unas cinco millas fuera del pueblo, apartado de la carretera y después de una larga caminata, encontramos el lugar adecuado. Era un terreno bellísimo que consistía de unas 15-20 acres. A todos nos pareció el lugar ideal para el tipo de colegio que teníamos en mente; y por supuesto que en ese entonces no contábamos con el dinero necesario, pero lo conseguimos por medio de fe.

Luego me enteré que algunos de nuestros hermanos norteamericanos habían hecho los siguientes comentarios: "Tengan cuidado. Van a ver que el hermano Willey va a andar por allá sembrando vegetales, criando animales y haciendo ese tipo de cosa. No va a tener tiempo suficiente para capacitar a otros en la palabra de Dios". No sé cómo, pero ese tipo de comentario nunca pareció molestarle a mi esposo pues él sabía exactamente lo que iba a hacer.

Lo primero que hizo Thomas, fue ir a hablar con los oficiales a cargo del Instituto Los Pinos Nuevos. Ellos estuvieron de acuerdo que lo que debíamos hacer era capacitar obreros. Estos administradores estaban dispuestos a darnos consejos y sugerencias sobre lo que debíamos hacer. Mi esposo les dijo: "Necesito un maestro. ¿Conocen a alguien que ya haya sido capacitado y que pueda venir a dar clases?" El instituto le envió un profesor, un hombre muy santo y sabio llamado Rafael Josué, que llegó junto con su esposa y sus tres hijas.

Nosotros ya habíamos empezado a construir edificios con techos de paja y sin pisos. Rafael y su familia ocuparon una de estas viviendas. La verdad es que no sé cómo le hacían, pero se acoplaron. El fue uno de los mejores maestros de la Biblia que alguna vez conocí.

Rafael, que era el director del colegio, fue muy estricto pero muy cariñoso e interesado en el bienestar de los estudiantes. Todos lo respetaban muchísimo. Mi esposo tenía la responsabilidad de viajar de un lugar a otro buscando a los inconversos y de plantar o empezar nuevas obras. Mientras tanto, en el colegio, Rafael tenía la responsabilidad del funcionamiento del colegio, y mi esposo podía confiarle esta tarea sin ningún problema. El Señor bendijo nuestros esfuerzos de gran manera y el cuerpo estudiantil empezó a crecer muchísimo.

No hay duda que el Señor estuvo involucrado en el envío de Rafael a nosotros. El consideraba a mi esposo como el encargado de la misión. El respetaba muchísimo a mi esposo y mi marido le tenía un gran respeto a él. Thomas también apreciaba su habilidad y a menudo le pedía consejo. No sólo le pedía consejo, sino que también lo implementaba.

Algo verdaderamente increíble para nosotros fue el consejo de Rafael en cuanto a las costumbres cubanas. Muchas de las costumbres que los cubanos tenían no las podíamos entender. Sin embargo, sabíamos que si íbamos a tener un colegio y pretendíamos ganarnos el respeto de todos, tendríamos que seguir sus costumbres, aunque nos parecieran muy raras.

Una de estas costumbres, por ejemplo, era que las muchachas no podían platicar con los jóvenes y los muchachos no podían dirigirle la palabra a las jovencitas. Por supuesto que como mujer norteamericana, yo consideraba que esto era ridículo, pero esa era la costumbre de ellos. Una jovencita nunca pasaba tiempo a solas con el que sería su marido sino hasta el día de su boda. Cuando iba a algún lado, la abuelita o algún miembro de la familia tenía que ir con ellos o sentarse con ellos. Siempre tenían a alguien que los acompañaba. Esa era la costumbre entre los cubanos.

Nosotros decidimos seguir estas costumbres porque Rafael nos explicó que no podríamos tener jovencitas en el colegio si no proveíamos el cuidado adecuado para ellas. Los padres de estas jovencitas con toda seguridad nos harían preguntas sobre el cuidado de mujeres solteras y jóvenes. Nosotros decidimos seguir su consejo y como resultado, nunca tuvimos ningún problema serio con nuestros jóvenes. Hemos tenido personas asistiendo a la convención que han comentado: "Me encantaría saber cuáles son las reglas en su colegio. Nosotros estamos a punto de abrir uno y queremos saber cuáles son sus reglas pues les ha ido muy bien".

Cuando llegábamos al reglamento sobre la falta de comunicación entre muchachos y jovencitas estas personas generalmente decían: "O, no. Eso es terrible. Nosotros no haríamos eso". Bueno, ellos no lo hicieron, y terminaron cerrando las puertas de su colegio. De hecho, vimos varios colegios cerrar sus puertas porque no optaron por aceptar las costumbres cubanas.

El primer año tuvimos a Benito, Melitino, Jesús Ballart y Rufino Ojeda. El colegio estuvo en abierto desde 1942 hasta 1958. El último año que el colegio estuvo abierto tuvimos trece alumnos.

En 1958 tuvimos que cerrar el colegio debido a varias razones. La revolucion había empezado y era peligroso tener juntos a tantos jóvenes. Los edificios se habían deteriorado muchísimo y necesitaban ser reparados y muchos de los candidatos para el colegio ya se habían graduado de bachillerato. Puesto que nuestro colegio era una "escuela normal" o escuela secundaria, necesitábamos actualizar el currículo. Ese año, todos los jóvenes se graduaron, y hasta inventamos un diploma nuevo, el "Diploma del obrero cristiano". Ese año queríamos dedicar todas nuestras fuerzas y toda nuestra energía a la construcción del proyecto titulado "Capillas para Cuba".

Los baustistas libres en los Estados Unidos fueron desafiados a hacer una colecta especial para el proyecto llamado "Capillas para Cuba". Con el dinero recogido, los cubanos lograron construir capillas en las provincias de la Habana, Pinar del Río y eventualmente Matanzas.

Muchos de los estudiantes que habían sido capacitados en nuestro colegio se convirtieron en los líderes de la Iglesia Cubana.

En el colegio capacitábamos a las jovencitas para que supieran cómo cuidar casa, trabajar con niños y ser buenas esposas. La obra entre las mujeres fue de las más bien fundadas y es de las que aún continúa en la actualidad. De hecho, los hombres le atribuyen a las mujeres la tarea de mantener a la iglesia unida durante todos estos años de comunismo.

La mayoría de los líderes de los colegios evangélicos en Cuba se habían graduado del Instituto Bíblico Los Pinos Nuevos fundado por la Misión de las Indias Occidentales ahora conocida como "World Team". El nombre provino de los escritos de José Martí, uno de los fundadores de la república cubana.

Para nombrar al colegio de los bautistas libres, Rafael Josué, graduado de Los Pinos Nuevos, escogió una referencia bíblica mencionada en el Salmo 92:12. El nombre escogido fue el de Los Cedros del Líbano.

La maravilla del agua

Una vez establecido el colegio descubrimos que teníamos una gran necesidad de agua potable. En nuestra casa contábamos con una cisterna y en los dormitorios de los estudiantes también habían cisternas, pero el agua tenía que ser sacada y llevada a donde era necesitada en el resto del colegio. Teníamos que llevar agua para los dormitorios y para el comedor y cuando no llovía en abundancia, entonces nos quedábamos sin agua.

Cuba: El toque y la dirección de Dios 115

Mi esposo estaba seguro que si podíamos abrir un pozo en la parte superior de la propiedad en donde estaba nuestra casa, el agua correría hacia abajo al resto del campus. Así pues, los encargados de abrir el pozo se presentaron y localizaron un sitio en donde creyeron podían encontrar agua. Ellos empezaron a cavar en cierto lugar al tope de la colina y cavaron por cuatro días sin encontrar agua. Luego le dijeron a mi esposo que seguirían cavando ese día hasta las ocho de la noche y que si no encontraban agua para ese entonces, no gastarían más de su dinero.

Todos los estudiantes estaban orando para que pudiéramos encontrar agua. Ahora, Thomas había pedido a todos que tuviéramos un día de ayuno y de oración en el campus. El nos dijo: "Yo siento que allí hay agua y que la descubriremos". Los taladradores estaban un poco confundidos. No entendían qué era lo que estaba ocurriendo. Nosotros nos pusimos de acuerdo en que nadie comería hasta que encontraramos agua. Las mujeres se quedaron en su dormitorio y los hombres en el suyo y nos dedicamos a orar. Al caer el sol, nos reunimos en el templo y empezamos a cantar y alabar al Señor. A las ocho en punto, oímos gritos. Eran los trabajadores que habían encontrado agua exactamente a esa hora y el agua había brotado como si fuera petróleo. "¡Agua! ¡Agua!", gritaban. Todos empezamos a regocijarnos, no sólo debido al agua, sino porque Dios había contestado nuestras oraciones. El milagro del agua también fue un gran testimonio para los creyentes y para los inconversos sobre el poder de Dios y Su provisión para Su gente.

No creo que mi esposo se sorprendió del todo. El estaba seguro de que Dios nos proveería el agua que necesitábamos.

Unos cuantos días después mi esposo y el Sr. Phenicie tomaron uno de los camiones y se fueron a la Habana. Una vez allí fueron a "Hoover Company", un almacén de venta de equipo para fincas que quedaba en la ciudad, y mi esposo pidió hablar con el gerente.

Thomas le dijo a este señor: "He venido para pedirle que me aconseje. Hemos encontrado agua, pero no nos va a servir de nada si no podemos llevarla a los lugares en donde la necesitamos".

Después de que Thomas le explicó la situación, el gerente le dijo: "Tengo que pensarlo bien y si regresa después de la hora de la siesta, le tendré una respuesta". Thomas y el Sr. Phenicie esperaron y regresaron a la hora que él había dicho.

La respuesta de este señor fue: "Lo hemos estado platicando aquí y creemos que lo mejor que puede hacer es un molina de agua. Casi no le costaría nada y el mantenimiento es mínimo". Mi esposo quería que le dijera exactamente cuánto le costaría el molino, pero el señor le contestó: "Señor Willey, si usted puede hacer lo que está haciendo por estas gentes, entonces esto es lo menos que nosotros podemos hacer. El molino no le costará nada". A lo mejor Thomas y el Sr. Phenicie hasta gritaron de la emoción, pero la verdad es que no lo sé.

Cuando llegaron al colegio traían el molina en la parte trasera del camión.

Yo vi el camión y pensé: "¿Qué es lo que ha hecho ahora? ¿Qué es lo que trae allí?"

Los estudiantes corrieron a recibirlos y el regocijo fue algo inaudito.

Yo le dije: "¿Qué has hecho? ¿Cuánto nos va a costar esto?"

Thomas me contestó: "¿No quieres adivinar?"

Yo le dije: "No, no quiero adivinar. Ni siquiera quiero saber".

"Pues sí deberías saber, porque no nos costó nada".

Y allí estaba el molino, sacando el agua que necesitábamos en la casa, en los dormitorios y en la cocina. Y aún sigue funcionando hasta este día.

¡Revolución!

Cuando al fín nos percatamos que algo estaba sucediendo en Cuba, la revolución ya estaba en plena acción. La situación era caótica. Los que eran seguidores de Batista, el presidente en aquel entonces, estaban haciendo todo lo que podían para erradicar a la oposición, por lo que el ejército fue el causante de mucha violencia. La oposición estaba a cargo de Fidel Castro. Estaba avanzando hacia las montañas en la provincia de Oriente. Sus tropas estaban bien organizadas para ser exitosas conforme arrasaban las tierras que deseaban poseer. Batista contaba con espías y sus hombres que estaban peleando en contra de Castro y su organización. Yo diría que fue alrededor de 1955 y 1956 que el movimiento se hizo muy visible. Castro se encargaba de advertirle a la gente que permaneciera en calma porque en poco tiempo él rescataría al pueblo de la administración terrible de Batista. Nosotros sabíamos que bajo el liderazgo de Batista sucedían cosas horribles y que las cosas sólo se estaban empeorando. Si uno no era seguidor ni de Batista ni de Castro, entonces estaba en gran peligro. Uno casi tenía que escoger entre uno o el otro. Las cosas se fueron poniendo de mal en peor y tuvimos que advertirle a nuestros predicadores que no tomaran lados y que no se envolvieran en la situación. Y por supuesto que era muy difícil para ellos no tomar partidos; hasta que finalmente las cosas escalaron a tal punto que si no se oponían al regimen de Batista, era mejor para ellos salir del país.

De noche habíamos empezado a cerrar la casa con llave y todas las ventanas y nos sentábamos a escuchar los discursos de Fidel. El nos decía que no tomaramos la venganza en nuestras manos, que él se encargaría de que el régimen militarista fuera aplacado, de la misma manera que aquéllos que se oponían lo que él decía y hacía. Esas personas serían castigadas apropiadamente. Pero todos sabemos que la verdad es que el pueblo sí tomó lados y sí tomó el juicio de otros en sus propias manos. La tensión creció a tal punto que podíamos oír las bombas explotando a nuestro alrededor. Yo podía caminar por la calle y oír las bombas explotando a mi alrededor. Un día estaba sentada en el asiento de la iglesia durante el servicio cuando escuché el estallido de una bomba justo afuera del edificio de la iglesia. Con frecuencia, los soldados nos paraban en medio de la calle, nos apuntaban los rifles o pistolas a la cara y nos pedían papeles de identificación. Constantemente oíamos lo mismo: "¡Gringos, váyanse a su país!" Y la mayoría de los americanos sí salieron de Cuba.

En las minas de cobre justo al norte del colegio, Lucy y yo solíamos ir los sábados para tener estudios bíblicos con los hijos de los mineros ingleses y americanos. Después, yo tenía un estudio bíblico con las mujeres. Nosotros hicimos esto fielmente por mucho tiempo, pero estas gentes recibieron la noticia de que tenían que salir del país. Estas personas se habían convertido en amigos muy queridos para nosotros y habían depositado su dinero en los bancos cubanos para sus gastos personales. Cuando se prepararon para abandonar Cuba, no pudieron sacar su dinero de los bancos y nos regalaron sus cuentas bancarias y nos pidieron que construyéramos iglesias con su dinero. Con parte de ese dinero, pudimos construir la iglesia en Pinar del Río. Y yo pude mantenerme en contacto con una de las familias. Ella era americana y el esposo cubano, pero ciudadano norteamericano. El había sido el ingeniero en las minas. Yo me mantuve en contacto con ellos por mucho tiempo y ella siempre ayudaba a la obra en Cuba, enviándome un cheque de vez en cuando.

La guerra continuó y finalmente llegamos al punto en que Thomas no nos permitía ir al centro de la ciudad por miedo a que viéramos gente ahorcada en medio de la calle.

De repente, Batista salió del país porque su curandero le había dicho que se fuera, así que salió de Cuba esa misma mañana muy temprano. Creo que se fue a la ciudad de Miami.

Nosotros, nos quedamos en el colegio, por supuesto. Los soldados ya andaban por los cerros que nos rodeaban, y la mayoría eran hombres de Batista; pero nadie nos molestó. Nosotros podíamos pararnos a la orilla de las colinas y podíamos ver los fuegos que habían a cierta distancia. Con eso, sabíamos que ahí estaban peleando.

Cuando Castro tomó el poder en 1959 estábamos teniendo nuestra convención anual. De repente todo se detuvo y todas las gentes corrieron hacia el centro de la ciudad para ver qué iba a suceder.

Me acuerdo que yo estaba parada mirando hacia arriba a uno de los edificios en donde estaban apostando. Los hombres de Castro estaban tirando las mesas y los aparatos usados para las apuestas. También encarcelaron a todas las personas que estaban en lo que nosotros conocíamos como el distrito rojo y encarcelaron a todos los hombres de Batista.

Cerca a nuestro colegio había una prisión. Mi esposo solía ir a visitar y ministrar a los presos. Hasta logró entrar a la prisión grande, a la penitenciería. El primer juicio fue conducido en un anfiteatro en un gran campamento militar. No sé cómo, pero Thomas y Tom lograron entrar a este lugar y presenciar este primer juicio. También arrestaron al hombre más importante de Pinar del Río, diciendo que era un hombre muy malvado. El juicio incluía a tres hombres que los seguidores de Castro habían agarrado cuando habían derrotado a las fuerzas de Batista. El juicio duró hasta las 2.00 de la mañana. Los jueces fueron cuatro o cinco de los hombres de Castro con pelo largo y barba greñuda. Ellos condenaron a muerte temprano en la mañana a los tres hombres de Batista. Thomas me dijo que en realidad habían sido hombres sumamente malvados.

Tommy me dijo: "Todos se fueron y Papá y yo sólo nos quedamos sentados ahí. Luego Papá se acercó a los jueces para decirles esto:

"Quiero felicitarlos", les dijo Thomas. "Le dieron a estos hombres un juicio justo. Ustedes han sido muy justos, pero yo tengo una pregunta. Ustedes han condenado a muerte a estos hombres y ellos saldrán de este mundo para encontrarse con el Juez Supremo, que también algún día ustedes y yo tendremos que enfrentar. ¿Qué oportunidad les han dado de prepararse para encontrarse con este Juez? Si no les han dado la oportunidad, no están siendo justos. ¿Qué es lo que van a hacer?"

"Bueno", le dijeron, "no sabemos. ¿Qué nos aconsejaría usted que hiciéramos?"

Thomas les contestó: "Envíen a un cura o a alguien para que los prepare para presentarse ante Dios. Algún día ustedes también tendrán que presentarse ante este Juez Supremo".

Los jueces se echaron un vistazo y finalmente uno de ellos dijo: "Señor Willey, ¿por qué no les habla usted mismo?"

Y por supuesto que eso era lo que Thomas quería oír. "Sí", les dijo él, "yo lo haré".

"Entonces le damos permiso. Haremos que los traigan al cuarto junto a este. Tiene la libertad de hablar con ellos".

Así pues, llamaron al guardia y le pidieron que trajera a los condenados para que el Sr. Willey pudiera hablar con ellos.

Pobrecito Tom. Se estaba muriendo y no sabía qué era lo que su papá iba hacer ahora.

Los tres hombres entraron al cuarto y estaban devastados. Estaban felices, sin embargo, de que alguien fuera a tomar su lado. Pero Thomas sacó su Biblia y la abrió.

"Señores, no hay nada que yo pueda hacer para salvarles la vida. Lo que puedo hacer es darles algo que les salvará el alma a manera que entran a la eternidad. Quiero leerles este versículo".

El versículo que escogió fueron las palabras de Jesús en la cruz, lo que Jesús le dijo al ladrón crucificado junto a El: "Hoy estarás conmigo en el paraíso".

Cuba: El toque y la dirección de Dios 121

"Si confesan sus pecados a Dios, El les perdonará sus pecados y podrán entrar al paraíso con El".

Los hombres se echaron al piso. Tom me dijo que lo único que pudo hacer por uno de ellos fue orar porque era un hombre tan cruel que él sólo sintió desdén por él. Pero los tres hombres se arrodillaron y empezaron a llorar. Luego se pararon y le dieron a Tom sus anillos y otras pertenencias con los nombres y direcciones de sus familias. "Por favor llévele esto a nuestras familias", le rogaron.

Esa fue la primera experiencia que Thomas tuvo con los prisioneros condenados a muerte, pero después tuvo muchas más experiencias. Yo creo que tal vez estas experiencias tan emocionales contribuyeron a que mi esposo se enfermara. El nunca se enfermaba, pero yo creo que todo lo que le tocó ver, le partió el corazón. El iba de día y de noche a orar por los que estaban condenados a morir parados frente al paredón de la muerte.

Un americano que había peleado junto a Castro tuvo que entrenar a los hombres encargados de disparar a los que desfilaban ante el paredón de la muerte. El y su familia se convirtieron en unos de nuestros amigos más queridos. ¿Qué extraña puede ser la vida, no creen?

Un día mi esposo regresó de la prisión y me dijo: "El director quiere que tú vengas a la prisión. En la cárcel hay dos mujeres y no tienen autorización de ver a nadie. El quiere que vayas y les hables y trates de confortarlas de la manera que puedas".

Una de las mujeres había sido la Presidenta del colegio de capacitación de maestros. Esa era una institución inmensa y yo no sé qué había hecho o dicho para merecer ser encarcelada, pero estaba allí y su secretaria con ella. Yo fuí a la prisión pero no pude entrar con nada, sólo con mi Biblia. Dos de los hombres al servicio de Castro, con su cabello y barba bien larga, se pararon a cada lado mío y me llevaron al corazón de la prisión. Tocaron a la puerta, sacaron una llave y abrieron la celda.

Lo que vi cuando empecé a entrar a la celda, fueron dos de las caras más tristes que jamás he visto. "Siento mucho que no hay nada que pueda hacer por ustedes. Ni siquiera puedo visitar a sus familias ni a nadie. Lo único que pudo traer conmigo fue esta Biblia. ¿La han leído alguna vez?"

Y aquella mujer, presidenta de la escuela normal, con un doctorado de la Universidad de la Habana, me miró y meneó su cabeza y me dijo: "No". Su secretaria hizo lo mismo. En la celda tenían dos camas, dos sillas y una mesa. Me ofrecieron una de las sillas para que me sentara y yo les dije: "Si desean, me gustaría leerles algo de este libro. Estoy segura que las consolará". Y les leí Juan 14, todo el capítulo. Cuando terminé, las lágrimas les corrían por las mejías.

"Y ahora", les dije, "vamos a orar. Por favor bajen sus cabezas y cierren los ojos", les dije, y oré por ellas.

La encargada del colegio estaba llorando con amargura y yo me levanté para consolarla pero su secretaria me dijo: "Sólo déjela que llore. No ha llorado desde que nos echaron en la cárcel y le haré bien llorar".

Yo les volví a decir: "Siento mucho que no les pude traer nada y que no puedo ir a visitar a sus familias".

Y ellas me contestaron: "¿Pero va a regresar, verdad?" Y sí regresé. En esa celda empezamos a tener un estudio bíblico y durante muchas semanas pude enseñarles la palabra de Dios. Un día cuando llegué, la secretaria me dijo: "¡Ay, Sra. Willey, algo maravilloso ha sucedido! Esta mañana me levanté muy tempranito y cuando estreché la mano para agarrar el Nuevo Testamento empecé a leerlo y me consoló muchísimo. Luego el guardia vino para traerme una carta. Era de mi esposo y el guardia me dijo que la podía contestar. Le escribí y le dije que me gustaría contarle muchas cosas y que había una cosa que quería que supiera. Que cuando saliera de esa celda y fuera puesta en libertad, saldría como una mujer muy distinta a la que había entrado a la celda". Y

Cuba: El toque y la dirección de Dios   *123*

yo sabía que lo que había hecho la diferencia había sido la Palabra de Dios.

Lo último que supe de ellas fue que estaban viviendo en Nueva York y estoy segura que con una fe más fuerte que la que jamás hubieron podido tener.

En 1960 Thomas había regresado a los Estados Unidos y Tom y Emma Ruth estaban en Miami porque ya se acercaba la época del nacimiento de su bebé. Habían alquilado un apartamento junto a la Iglesia Bautista Libre de Miami. Cuando yo sentí que era tiempo de que yo saliera de Cuba, Félix y Lucy me llevaron a la embajada y el cónsul norteamericano me dijo: "Si cree que no le van a hacer nada porqué ha vivido entre ellos por mucho tiempo, no se engañe a sí misma. Sí lo harán".

Yo sólo dejé que eso me entrara por un oído y me saliera por el otro. Mi intención era regresar a Cuba algún día. "Yo voy a regresar", le contesté.

Y el oficial me contestó: "Bueno, ya veremos".

Poco antes de la partida de Tommy de Cuba, una de las familias cubanas me dijo que su hijo se había ido a estudiar a la Universidad de Florida en Gainesville. El papá había estado ahorrando dólares para mandar al hijo. El quería que yo le llevara a su hijo el dinero.

Yo le contesté: "Claro que sí", aunque no sabía cómo iba a llevar $500.00 ya que no me permitían tener dólares. Luego me acordé que unos conocidos habían sacada la crema de un frasco de crema para la cara y habían metido ahí el dinero. Yo hice lo mismo y coloqué el frasco en mi cosmetiquera. Yo le conté a Tom y él se lo contó a uno de los pastores que le contestó: "No, no la dejes hacer eso. Le van a encontrar el dinero y la van a meter a la cárcel".

Tom me dijo: "Mamá, si Papá estuviera aquí no te dejaría hacer esto. Dame el dinero por favor, y yo se lo llevaré de regreso a nuestro amigo".

"Yo no tengo miedo", le contesté.

"Yo sé que no tienes miedo", me dijo Tom, "pero no lo hagas".

Y así fue que decidí darle a Tom los quinientos dólares.

Recuerdo que Benito fue conmigo al aeropuerto y creo que Lucy y Félix también estaban allí. Tuvimos que pasar por puertas de hierro.

Cuando yo pasé por las puertas de hierro me di cuenta que yo era la única americana allí. Estaba parada en fila para que me sellaran el pasaporte cuando en el altavoz oí una voz que decía: "La Sra. Willey".

"Esa soy yo", pensé.

Y en ese momento una joven vestida con el uniforme del gobierno vino a pararse a mi lado.

"¿Es usted la Sra. Willey?"

"Sí".

"Venga conmigo".

Se estaba oscureciendo y ya había entregado mis maletas. Ella me encaminó de vuelta al edificio donde vi a unos soldados que daban miedo. En sus manos tenían mis maletas y mi portafolio. Yo les mostré mi pasaporte. Ellos abrieron mi cosmetiquera, sacaron el frasco de crema facial y metieron los dedos dentro de él. Y yo me senté y en silencio oré: "Gracias, Señor, gracias".

Habían tomado mis maletas y habían registrado todo. La mujer que me había llevado de regreso al edificio me metió los dedos entre el pelo y tuve que quitarme los zapatos para que ellos pudieran examinar los tacones. Finalmente, me dejaron ir.

"Perdónenos", me dijeron, "creímos que era alguien más".

Yo estaba totalmente debilucha y Benito me dijo que estaba pálida como una sábana, y ellos estaban despavoridos. Después de todo esto, al fin entramos al avión y nadie me dirigió la palabra. Los oficiales entraron al avión y sacaron a un hombre.

Tan pronto como estuvimos en el aire, todos los cubanos empezaron a hablar conmigo.

¿Qué podemos hacer por usted? ¿Le gustaría un vaso de agua? ¿Necesita esto y aquéllo? Y yo empecé a llorar. Me mostraron tanto cariño y tanta preocupación. Luego me dijeron: "No podíamos hablar con usted allá abajo".

Y yo me dije a mí misma: "¡O!, yo sabía que la situación era mala, pero ni me imaginaba que era así".

Cuando llegué a Miami, mi esposo andaba de viaje así que Dr. Mason, su hermana me fue a recibir y me llevó a su casa.

Esa noche me arrodillé ante mi cama y oré diciendo: "O, Señor, gracias por Tu protección y por las gentes tan amables que me cuidaron". Y El me recordó: "No te impacientes a causa de los malignos" (Salmo 37:1). No te impacientes. Y esa noche El me dio la victoria.

La Embajada de los Estados Unidos nos había pedido que saliéramos de Cuba y hasta nos había ofrecido un avión para escapar si queríamos salir. Todos salimos de Cuba con la idea de que volveríamos así que viajamos a Washington, D. C. para pedir visas de entrada a Cuba. Le comunicamos a los oficiales que no nos moveríamos hasta que nos autorizaran las visas y finalmente nos las otorgaron.

Yo había dejado a Félix y Lucy en Cuba. No había querido dejarlos, pero el Señor se encargó de cuidarlos y en 1961 los trajo de vuelta a los Estados Unidos.

Al principio habíamos pensado que Castro sería nuestro salvador, que él iba a salvar a Cuba y todos estaban muy impresionados con él, pues era una orador magnífico. Nosotros conocimos a un americano que estaba peleando con Castro y para él ésta había sido una revolución gloriosa, peleando por la libertad del pueblo cubano pobre y oprimido.

Cuando nosotros salimos de Cuba, de una manera u otra, la propiedad en Los Cedros de Líbano, continuaba funcionando tan normalmente como era posible. Algunos oficiales del gobierno habían ido a preguntar que si la propiedad le pertenecía a los norteamericanos, pero la propiedad había sido comprada bajo el nombre de la

Asociación Cubana de Bautistas Libres. En 1961, Tom había asistido a la convención anual, y todos los dirigentes de la asociación, eran cubanos. El moderador había sido Benito Rodríguez.

La única explicación que yo escuché sobre la propiedad y el hecho de que no la habían tocado, era que los revolucionarios le tenían un gran respeto a Thomas Willey. Estaban muy impresionados con el trabajo que había hecho llevando animales y otras cosas allá, para mejorar la vida de los campesinos en Cuba. Lo que más apreciaban era que él había traído cabras de los Estados Unidos. Y es cierto que él se encargó de traer una gran cantidad de cabras a Cuba y como resultado, es posible que ese haya sido el motivo por el cual el terreno donde estaba el seminario no hubiese sido confiscado. Casi todas las propiedades de norteamericanos en Cuba fueron confiscadas. A través de los años el campus del seminario fue usado como centro para conferencias y solamente fue tomado por el gobierno por un período breve de tiempo, durante la crisis de los misiles en 1962. Pero en realidad, la propiedad le pertenece a la Asociación Nacional de Bautistas Libres en Cuba.

Ahora las gentes están haciendo todas las mejoras que pueden en la propiedad. Previamente, gran parte del equipo y los vehículos habían sido vendidos para poder mantener a flote la obra. En la actualidad es muy difícil obtener materiales de construcción en Cuba. Algunos de nuestros hombres de los Estados Unidos han ido a ayudar con la obra en la capilla del campus nombrada en honor a mi esposo *La Capilla Memorial Tomas H. Willey*. Es un edificio muy hermoso que aún no ha sido terminado, pero ellos sacan el mejor provecho con lo poco que tienen disponible. Estamos muy agradecidos a estos hombres que han ido a trabajar tan duro para hacer que la construcción de este edificio se haga posible.

Capítulo 13

Encontrando al Dios de toda consolación

La enfermedad y muerte de Thomas

Después de nuestro regreso a los Estados Unidos de Cuba, empezamos a viajar visitando a nuestras iglesias. Mi esposo quería estar entra la gente, conmoviéndolos con el espíritu de las misiones. La Junta de la Misión Extranjera de los Bautistas Libres nos regaló un carro nuevo y yo era la que manejaba mientras viajábamos a todas las distintas iglesias.

De repente, Thomas descubrió que tenía cáncer en la glándula parótida. Tendríamos que ir y venir a Miami para que pudiera recibir tratamiento con su doctor. Su médico era judío, pero se hicieron muy buenos amigos. Los doctores finalmente decidieron que necesitaría una operación, pero no pudieron sacarle todo el cáncer pues se le había corrido por todas partes. Aún así, vivió tres años más después de su operación y estaba decidido a seguir viajando todo lo que pudiera. Muchas de las personas que lo fueron a visitar durante esta época dijeron lo mismo: "Hemos venido para consolarlo pero él es quien nos ha consolado a nosotros". Finalmente se puso tan enfermo que tuvimos que permanecer en nuestra casa en Miami.

Gracias a Dios pudimos encontrar una casa en Miami. Teníamos un amigo que era muy activo entre los gedeones. Su esposa se había muerto y él estaba un poco débil por lo que quería internarse en un tipo de institución para recibir tratamiento y quería vender su casa. Aunque era una casa vieja, construida en 1925, resultó ser una casa muy cómoda.

La casa estaba en medio de dos terrenos muy grandes con árboles frutales a cada lado. Era sencillamente un lugar muy, muy lindo. El dueño era un hombre cristiano muy entregado a Dios y deseoso de que nosotros tuviéramos su casa. El nos dejó comprársela por un precio muy bajo. Nosotros no teníamos dinero, pero la hermana de Thomas, la Dra. Mason, nos dio un préstamo para el primer pago requerido y el dueño nos dijo: "Páguenme lo que puedan cada mes, hasta que terminen de pagarla". En la actualidad esa casa costaría unos $70,000 pero a principios de los sesenta pagamos solamente $18,000.

Después de unos meses, Thomas ya no pudo seguir haciendo sus viajes y el doctor quería probar otros tratamientos que exigían que permaneciéramos en Miami. Como resultado, empezamos a trabajar entre los refugiados cubanos que estaban escapando de la isla y que estaban empezando a formar iglesias en la ciudad.

El cáncer es una enfermedad muy cruel y mi esposo se puso muy enfermo. Esta enfermedad lo dejó sin la habilidad de poder hablar. Sin saber que ese día sería su último, lo fui a visitar al hospital temprano en la mañana. Como ya no podía hablar, me escribió una notita diciendo: "Mi amor, ahora tengo una enfermera nueva y dudo mucho que sea cristiana, ¿podrías hablar con ella?" Su última preocupación había sido la de ganar a otros para el Señor. En su último día en esta tierra, ¡todavía se encontraba trabajando para Dios!

Esa noche, 18 de octobre, 1968, entró a la presencia del Señor.

Yo sentí que yo debía poder aceptarlo. Habíamos vivido una vida maravillosa y yo sabía que algún día ocurriría y que lo aceptaría como la voluntad del Señor, ¿sería que podría? Pero la verdad es que su muerte me afectó como nunca imaginé que lo haría.

Mis hijos habían llegado de Panamá y Emma Ruth estaba insistiendo en que debería regresar a Panamá con ellos. Ella

Encontrando al Dios de toda consolación

creía que un cambio de lugar me ayudaría, pero no fue así. El dolor y la tristeza aún estaban dentro de mi corazón.

Después de mi regreso a los Estados Unidos, empecé a ir al cementerio en dónde me sentaba junto a su tumba y me ponía a llorar y le decía a Dios: "Señor, ¿por qué te lo llevaste? ¿Por qué no me llevaste a mí porque yo no entiendo este mundo en el que vivimos aquí". En ese entonces era la época de los hippies y todo era muy distinto y raro en los Estados Unidos. No podía encontrar consuelo en ninguna parte. Mis hijos Bárbara y su esposo John estaban conmigo, pero yo no podía encontrar reposo dentro de mi corazón. Ya no sabía quién era y me sentía como un extraño. Aunque trataba de ajustarme a la situación, no lograba hacerlo.

Reford Wilson, el Director de Misiones Foráneas me dijo: "Tal vez sería bueno que te enviáramos a algunas de las conferencias. Haré preparativos para que vayas a otros lugares y empieces a compartir con la gente de nuevo. ¿Crees que eso te pueda ayudar?" Y bien, decidí ir a donde me enviara.

Primero me enviaron a Carolina del Sur y aunque no recuerdo el nombre de la iglesia, recuerdo muy bien que las gentes fueron muy amables y amorosas conmigo. Quizá no había sido el momento adecuado para ir porque al subir a la plataforma me sentí peor de lo que me había imaginado. Me paré para empezar a hablar con el micrófono a la boca pero no me salió ni una palabra. Ni siquiera con la ayuda del micrófono logré hacerlo. No pude decir nada, así que regresé a mi asiento a sentarme.

Emma Ruth me escribió desde Panamá para decirme: "Creo que si usted pudiera ir a algún lado y conseguir algunos estudios para que pudiera ayudar a otros misioneros, le ayudaría a manera que reingresa al campo misionero. Trate de encontrar algún lugar a donde pueda ir".

Pero yo no sabía de ningún lado, así que Reford me sugirió las conferencias que el Dr. Clyde Narramore tenía especialmente para misioneros y ministros en California. Mi respuesta fue: "Lo que sea, y a donde sea". Empecé a leer todo lo que pude sobre la obra de Narramore y platiqué con Reford al respecto y él estaba seguro que sería una experiencia maravillosa para mí. Una de sus hermanas vivía cerca de donde estaba situado el ministerio del Dr. Narramore. "Ella es viuda. También ha perdido a su esposo y le encantaría que usted fuera a vivir con ella". El hizo las averiguaciones necesarias y descubrió que una conferencia para pastores y misioneros estaba a punto de llevarse a cabo. Yo empecé a orar al respecto y le escribí a la hermana de Reford para saber si tenía lugar para mí en su casa. Ella me contestó diciendo que tenía una casa de dos pisos muy grande y que le encantaría que yo la fuera a visitar. Y bien, en menos de unas dos semanas, me había ido a California. Ella me fue a recoger y me llevó a su casa.

Al día siguiente fuimos a visitar el lugar donde quedaban las oficinas de Narramore. Cuando llegué me dijeron: "Tuvo mucha suerte. Ya sólo nos quedaba un lugar abierto y le tocó a usted".

Treinta y dos personas se matricularon en la conferencia. Algunas eran misioneros y otras ministros. Fuimos divididos en grupos de doce personas y yo empecé a ir a clases todos los días. Entre los estudios tuvimos varios, incluyendo psicológicos. Durante muchos días estudiamos y oramos y aprendimos mucho unos sobre los otros, pues todos teníamos problemas. Nos hicieron exámenes, y yo también, como los demás, fui examinada. También tuvimos que pasar unas horas con un psiquiatra. Mi psiquiatra fue una mujer.

A manera que los días empezaron a pasar, las sesiones nos hicieron acercarnos unos a otros y empezamos a identificar las cargas que cada uno estaba cargando, como por ejemplo el pastor que se sentaba junto a mí en la clase. Era un hombre alto y muy guapo, el pastor de una iglesia muy grande en Philadelphia. El estaba positivo de que había sido llamado al ministerio y le encantaba lo que hacía, pero no amaba a sus feligreses. No quería acercarse a nadie y su actitud era un impedimento en el avance de su ministerio. Estando consciente de su problema, había acudido a Narramore por ayuda. Su esposa también había venido, pero ella estaba en otro grupo. Y yo pensé: "Si eso es todo lo que le está preocupando, eso es algo fácil de resolver. ¡Amar a otras personas es muy fácil!" Pero él no podía y se había convertido en un problema para él.

Un hombre de negocios chino había regresado a Los Angeles porque estaba en gran necesidad de ayuda así que se había matriculado en las clases de Narramore para este término de tiempo. El se había ofrecido a recogerme cada día porque tenía que pasar por donde yo estaba hospedada. Yo me sentí muy agradecida y nos convertimos en muy buenos amigos. El estaba cargando una carga muy pesada. Se había convertido en cristiano y estaba siguiendo al Señor con devoción, pero su esposa le había dicho: "Si no abandonas a ese Jesucristo, no quiero tener nada que ver contigo". Ella estaba dispuesta a abandonarlo con una hija adolescente.

Además de estos dos caballeros, recuerdo a una mujer cuáquera que era ministro. Los demás eran misioneros y predicadores.

La secretaria del Dr. Narramore era una persona sumamente encantadora. Juntas pasamos muchas horas y nos hicimos muy buenas amigas y aún ahora me escribe por lo menos para la época navideña. Yo la quiero mucho a ella. Una de las dádivas del Señor en esta conferencia, fue su amistad.

Cuando me tocó a mí hablar sobre mi problema, les confesé que yo no podía entender a los jóvenes de nuestro mundo en la actualidad. Sencillamente no podía entender qué era lo que estaba pasando y me sentía tan sola y ni siquiera sabía qué era lo que me pasaba, pero sí sabía que era muy infeliz.

Finalmente llegamos a la última noche que pasaríamos todos juntos y sabíamos que íbamos a ser separados y todos se sentían mejor, hasta cierto punto. El personal nos había dicho que en la noche final nos reuniríamos en uno de los grandes salones a las seis de la tarde. Yo me di cuenta que el salón estaba bellamente decorado con sillas muy cómodas y un sofá. En una esquina alguien había preparado café, té, fruta y todo tipo de cosas que comer. Yo pensé: "No hay duda que hoy no nos vamos a quedar con hambre". También me di cuenta que por todas partes habían cajas de pañuelos faciales. Yo pensé que tal vez suponían que a todos nos iba a dar catarro o algo. Cuando todos nos reunimos, nuestro psiquiatra se encargó de la sesión. Nos había dicho que no trajéramos nada, que sólo fuéramos cómodos y fuéramos a relajarnos.

Una vez allí, nos dijo: "Ahora estamos todos juntos y nos vamos a quedar aquí toda la noche. Esta es una sesión nocturna. Si sienten ganas de cantar, vamos a cantar. Si quieren que oremos, entonces vamos a orar. Si desean platicar, entonces vamos a platicar. Vamos a estar muy cómodos sentados aquí y vamos a dejar que el Señor mueva nuestros corazones.

"Permítanme preguntarles. Me interesa mucho saber porqué vinieron aquí, cada uno de ustedes. ¿Cuál fue su razón para venir? Vamos a escuchar lo que tienen que decir. No tenemos ninguna prisa, ni ningún programa que seguir. Estamos aquí para compartir". Pero nadie dijo nada.

Finalmente, yo dije: "Doctora, si nadie más va a hablar, yo le voy a decir porqué vine". Y saben qué pasó, ¡empecé a desahogarme! El predicador de la iglesia presbiteriana de Philadelphia me puso el brazo sobre los hombros y alguien más me tomó de las manos, y todos estaban tomando los pañuelos faciales. Hablé, y hablé y les dije lo que había hecho. Yo había sido misionera por todos esos años, habíamos formado un colegio, teníamos a pastores siendo enviados por todas partes en Cuba. "Tuvimos que abandonar el país que amábamos, y regresar a este país que yo no comprendo. Y encima de todo, mi esposo se enfermó y el cáncer me lo arrebató. No entiendo porqué el Señor se lo llevó a él y no a mí". Luego dije: "Creo que desde que he estado aquí, al fin he logrado entender el motivo". Me desahogué totalmente y cuando terminé la doctora me dijo: "Mabel, yo te amé desde el primer día que te conocí, pero no creo que pueda amarte más de lo que te amo en este momento". Esa noche, el Señor me sanó porqué estuve dispuesta a hablar sobre lo que me ocurría. Yo había roto el silencio y luego todos empezaron a hablar.

Esa noche fue tremenda. En comparación a algunos de los problemas que algunos confesaron esa noche, los míos no eran nada. Escuché historias de corazones que casi no podía creer. El predicador de Philadelphia había dicho: "Ahora veo las cosas de manera distinta y voy a hacer todo lo que pueda para empezar a amar a la gente" ¡Y lo hizo!

Desde ese entonces, yo he estado convencida de que si nuestros corazones están llenos de tristeza y quebrantándose ante el peso de la carga pesada que llevamos, lo mejor que podemos hacer es desahogarnos. ¿Y no creen que es maravilloso que existan lugares en los cuales se acepte este tipo de desahogo? Yo me siento muy agradecida por lugares como el de Narramore. Yo le recomiendo a cualquiera que se encuentre agobiado por tristeza o decepción, aún los que aún son muy jóvenes y tienen el corazón apenado, a que no dejen de buscar ayuda. Nosotros tenemos un Dios todopoderoso y también contamos con aquéllos que están preparados para escuchar nuestras palabras. Aprovechen lo que Dios les ha provisto.

El cáncer es cruel

Tom y Ruth no pudieron regresar a Cuba. John y Bárbara estaban en Costa Rica terminando su curso en el idioma español, preparándose para ir a Cuba. Después de una reunión para consultar con la Junta de Misiones Foráneas, el plan era que Tom, Ruth y su hijita de cinco años de edad llamada Alicia viajarían a Costa Rica para encontrarse con John y Bárbara. Una vez juntas, las dos parejas podrían hacer un estudio de Centroamérica para encontrar un nuevo campo misionero para los bautistas libres.

Después de casi un año en Miami, Ruth, Tom y Alicia viajaron a Costa Rica en una camionetilla Volkswagen. Tom la preparó cuidadosamente para el viaje por calles en malas condiciones y John los fue a recibir al sur de Texas y juntos pararon en Monterrey, México para visitar la obra misionera de los bautistas libres. Después de esto, continuaron su viaje hasta San José, Costa Rica, en donde se encontraron con Bárbara y los niños.

John y Tom visitaron los seis países centroamericanos durante cuatro meses, consultando a misioneros evangélicos en cada país. El país con una población hispano parlante que más parecía estar en necesidad del Evangelio era Panamá; y también parecía ser el que más se resistía a la recepción del Evangelio. Mi esposo se reunió con Tom y John en Panamá y juntos hablaron y oraron sobre la situación. Finalmente, después de mucha oración, decidieron que Panamá era el país en el cual el Señor deseaba que empezaran la obra misionera de los bautistas libres.

Alicia Ruth, la primogénita de Tom y Emma Ruth nació en Cuba en 1956, poco después de su llegada a ese país como misioneros. Los primeros tres y medio años de su vida los pasó en la atmósfera ideal de los terrenos del instituto bíblico, rodeada de alumnos muy cariñosos y el personal misionero. En 1962, después de pasar casi un año en Panamá, el segundo bebé de Tom y Ruth, una nenita llamada Anita Kathleen (Kathy), nació.

A través de los años, Alicia llegó a ser una jovencita muy inteligente y atlética. En equitación fue excelente y no le tenía miedo a nada, y eso la había hecho ganarse la admiración de los panameños. Era tan sana que casi ni sabía lo que era tener un catarro.

En sus primeros años en el colegio, asistió a un colegio bilingüe, consolidando así el hecho de que había hablado perfectamente bien ambos idiomas, inglés y español. A los

Encontrando al Dios de toda consolación 135

once años fue transferida al sistema de colegios del Canal de Panamá en donde se convirtió en líder y estudiante honoraria.

En el verano de 1970 se estaba llegando el momento en que Tom, Ruth y sus hijas regresarían a los Estados Unidos para su año de descanso y deputación. Alicia había estado dando clases de Escuela Dominical desde que tenía diez años. Un domingo en la tarde mientras se estaba cambiando ropa para su segunda clase del día en la Misión de Agua Buena, Tom descubrió que tenía una protuberancia en la espalda.

Al día siguiente, la llevaron al Hospital Gorgas para un exámen. Los doctores parecían estar preocupados pero sugirieron que ya que la familia iba a irse a Miami la semana que entraba, la llevaran a que los doctores le hicieran un chequeo allá. Tom me llamó esa misma noche y logré conseguir una cita médica con uno de los doctores que había asistido a mi esposo. Tras su llegada un día sábado, Alicia estaba en la oficina del médico el lunes siguiente.

Los resultados de la biopsia no fueron buenos. Alicia tenía sarcoma de la célula reticular, tenía cáncer, y se puso muy enferma. Los primeros tratamientos de quimoterapia la hicieron sentirse sumamente mal. Después de tan sólo dos sesiones de quimoterapia se puso tan débil que ni siquiera pudo continuar su tratamiento.

Después del primer mes, Geraldine, mi cuñada que vivía en Atlanta y que era enfermera, llegó a Miami a asistirnos con el cuidado de Alicia. Ella pasó horas en el hospital, día y noche.

Cuando Alicia entró en un estado de coma, los doctores nos dijeron: "Hemos hecho todo lo que sabemos hacer, todo lo que podemos hacer por ella". La noche antes de su muerte, se despertó por un momento y casi sin aliento, le dijo a su papá: "¡Te amo Papi!", y volvió a entrar en coma. A la mañana siguiente recibimos una llamada de Geraldine comunicándonos que Alicia había entrado en el reposo perpétuo con el Señor.

Cuando Tom y Ruth regresaron a Panamá después de un año en los Estados Unidos, yo me fui con ellos para ayudar con el ministerio. Casi un año después, Ruth quedó embarazada y durante el tercer mes de embarazo descubrió que ella tenía un tumor en uno de sus senos. Una biopsia reveló que ella también tenía cáncer. Durante su sexto mes de embarazo le sacaron el seno, pero se rehusó a recibir tratamientos de radiación o quimoterapia por temor a que dañaran a su bebé. Los doctores creían que habían podido sacar todo el cáncer y ella se logró recuperar muy bien. En septiembre de 1972, dio a luz a su hijo Thomas Randall, nombrado en honor a dos de sus abuelos, ambos predicadores bautistas libres, J. Randall Bennett, el papá de Ruth y mi esposo. Años después le pusimos de apodo T. R.

Cuando nació, su abuelita que vivía en Carolina del Norte, vino a visitarlo. Ruth estaba emocionadísima y todos nos regocijamos muchísimo con ella pues sabíamos que anhelaba tener otro hijo después de la pérdida del otro que había tenida doce años antes. Pero ese gozo, sin embargo, sólo le duró tres meses. Fue entonces que el Señor se llevó a Ruthie para morar con El.

Había estado teniendo unos dolores de cabeza tremendos y después de dar a luz el doctor le había dicho: "Tenemos que ingresarte en el hospital para ver qué es lo que te está produciendo semejantes dolores de cabeza". Las radiografías no mostraron nada fuera de lo común y todos los exámenes que le hicieron fueron negativos. Solamente después de una autopsia lograron encontrar un tumor pequeñito que se le había formado en la corteza del cerebro.

Yo había pasado el día con ella y Tom se había quedado en el cuarto hasta tarde en la noche. Yo nunca me olvidaré de esto. El pastor de la Primera Iglesia Bautista de Balboa, de la Zona del Canal, nos llamó para avisarnos que Ruthie se había muerto. A él lo habían llamado para que fuera a ver a otro y

Encontrando al Dios de toda consolación 137

a las seis de la mañana, cómo ya se encontraba en el hospital, le habían dado las malas noticias a él. El se había encargado de llamar a Tom, y Tom se juntó con él en el hospital. En su bondad, nos ofreció su iglesia para el funeral, pues era una iglesia muy grande. Varias de las personas de la oficina de misiones en los Estados Unidos vinieron a estar con nosotros en esos momentos.

Aunque Alicia fue enterrada en Miami, la familia de Ruth quería que la trajéramos a Carolina del Norte para enterrarla junto a su papá y sus abuelitos; y eso fue lo que hicimos. Todos sus parientes fueron al funeral en New Bern, Carolina del Norte.

Tom y yo regresamos a Panamá con los niños. Kathy todavía era una niñita de diez y T. R. era un bebito de tres meses. Durante un año Tom se entregó totalmente a su trabajo. Cuando de nuevo se llegó la época de su año de reposo en los Estados Unidos se matriculó en Columbia Graduate School of Missions para terminar una licenciatura en letras que había empezado veinte años antes. Una vez más, yo estaba en Panamá como misionera, pero esta vez sin mi compañero y sin hijos.

El portal de Los Cedros del Líbano, cerca de Pinar del Río, en Cuba.

Abajo a la derecha: Tommy, Olive Van Syke y Bárbara.

Arriba: De pie: Herbert Phenicie, Thomas Willey. Sentados: Edith Phenicie, Lucy Wisehart y Mabel Willey.

A la derecha: Henry Melvin, quien presentó a los Willey ante los bautistas libres, en la capilla de Los Cedros del Líbano, con Benito Rodríguez.

El molino de agua y la casa de la familia Willey en el terreno de Los Cedros del Líbano.

Bárbara, Tommy, Mabel y Thomas.

La residencia de la familia Willey en Los Cedros del Líbano en 1977. Primer viaje de visita a Cuba para Mabel, después de la revolución.

Los primeros estudiantes de Los Cedros del Líbano.

Estudiantes de Los Cedros del Líbano con los Willey en 1950.

El molino de agua.

Thomas ayuda con la construcción de una choza.

Thomas con sus cabras en Cuba.

Capítulo 14

Panamá bajo otra luz

(1970-1980)

La primera vez que fui a Panamá fue en 1937, junto con mi esposo y mis dos hijitos muy chiquitos. Ahora regresaría a Panamá de 1970 a 1980, para diez años de ministerio. En 1937 habíamos ido a ministrarle a los indios, pero mi segundo ministerio sería muy distinto. Tendría el privilegio de ministrar entre los jóvenes universitarios y las damas de esa ciudad.

Después de la muerte de Thomas viví en Miami por un rato. Alicia se había muerto y Tom y Ruth habían regresado a Panamá. Ellos me estaban rogando que me fuera a trabajar con ellos y después de orar mucho, sentí que el Señor me estaba guiando de regreso a Panamá. En 1970, me uní a la obra de Tom y su familia.

Cuando primero llegué no me di cuenta cuán abierta estaba la puerta para el ministerio entre las mujeres y los estudiantes universitarios.

Tom y Ruth vivían en una casa que parecía como dos casas en una, y yo pude ocupar dos de las habitaciones.

Y aunque suene raro, mi ministerio empezó casi desde el mismo día en que llegué.

Tom y Ruth estaban muy preocupados por una amiga suya, una actriz. Había caído en una especie de depresión por algo que le había sucedido y había asumido que nadie podía ayudarle a superar su depresión.

Una de sus amigas le había dicho a Tom: "Cuando venga tu mamá, tal vez podemos ir a visitar a esta señora".

Cuando llegué a Panamá, tenían trabajo para mí de inmediato. De hecho, empecé a visitarla en su casa muy seguido y empecé a orar por ella. No sé de cuánta ayuda le sirvió, pero el hecho es que finalmente logró salir de su depresión. En la actualidad se encuentra en los Estados Unidos trabajando en televisión. Cuando he estado en Miami, la he visto y sé que está bien.

Aunque los diez años en Panamá fueron muy distintos a los años que pasé en Cuba, el Señor me estaba preparando en Cuba para mi ministerio en Panamá. Recuerdo que tuve que acostumbrarme al clima y las costumbres. Ya había aprendido español y ahora podría dar la clase y platicar con la gente, en español.

Casi de inmediato, me hice miembro de la Primera Iglesia Bautista Libre de la ciudad de Panamá. Bill y Glenda Fulcher estaban allí, y un panameño era el pastor. Los miembros de la iglesia me pidieron que tomara a mi cargo la clase para adultos. En ese entonces la congregación era muy pequeña, pero entre los miembros habían gentes muy lindas. Recuerdo, en especial, a una mujer, Laura Bell, que eventualmente se convirtió en mi pareja para orar. Su esposo era constructor y vivían en una casa hermosísima. Nos hicimos amigas íntimas y su amor por el Señor, que era muy especial, fue de gran bendición para mí. La clase para adultos era increíble y creció rápidamente. Cuando habían más miembros, tuve la oportunidad de formar grupos para estudio bíblico en casas alrededor de la ciudad.

En mi apartamento, también empecé a tener estudios bíblicos para estudiantes universitarios. Nos juntábamos los martes por la noche y el material que estudiábamos era el de los Navegadores. Estos estudios los continué por diez años, todo el tiempo que estuve en Panamá. Los estudiantes eran un deleite especial para mí y muchos de ellos le entregaron sus vidas al Señor debido al estudio bíblico. Las mujeres a menudo me invitaban a hablar en el Club de Mujeres Cristianas en Balboa. La mayoría de las mujeres que atendían estas reuniones eran mujeres americanas de la zona del Canal y algunas panameñas. Después de más de un año, les sugerí que formaramos un Club de Mujeres Cristianas en la ciudad de Panamá. Varias de las mujeres creían que formar un grupo era buena idea, pero nada pareció moverse con rapidez para lograr alcanzar mi meta. Finalmente, le pedí a cinco mujeres panameñas y americanas, muy activas en sus iglesias y muy responsables, que oraran conmigo para empezar este ministerio en Panamá. Aún así, nada logró desarrollarse en la ciudad de Panamá.

Calor en Japón, país frío

En 1974 el Director de Misiones Foráneas, Reford Wilson, me hizo una invitación de parte de los misioneros en el Japón. Me estaban invitando a ir a la conferencia anual al norte del Japón. Yo, como ya saben, me encontraba en Panamá, en donde había estado desde 1970. Yo empecé a orar cuando recibí esta invitación y sentí que el Señor quería que fuera. Para el 13 de octubre, y desde Los Angeles, escribí en mi diario: "Este es el comienzo de Su cita".

Cuando estaba a punto de salir de Panamá, le pedí a cinco mujeres que me prometieran que estarían orando por mí todos los días que estuviera de viaje. Les pedí que me tuvieran frente al Señor en sus oraciones y que le pidieran a El que hiciera de mí una gran bendición, además de que me guiara y me protegiera en este viaje. Ellas me prometieron que estarían orando por mí todos los días mientras estuviera fuera del país. No hay duda que el Señor escuchó sus oraciones y las contestó de muchas maneras. Estas cinco mujeres fueron una gran bendición para mí.

La oficina de Misiones Foráneas preparó el viaje para mí y puesto que era misionera, me redujeron el precio del pasaje. La compañía aérea que estaba llevándonos al Japón, colocaba a los pasajeros viajando con esta tarifa reducida en primera clase. Por primera vez en mi vida, me encontraba viajando en primera clase. La oficina de Misiones Foráneas había hechos arreglos para que pasara en las Islas Hawaianas dos o tres días visitando a la familia Sanders.

De ida, paré en Hawai y pasé unos días maravillosos con la familia Sanders y su gente. Los Sanders y algunos amigos me fueron a recibir al aeropuerto y me cubrieron con un leis (una collar de flores que le colocan a uno alrededor del cuello al llegar) muy hermoso. Estando allí, tuve oportunidad de asistir a varios de sus servicios y platicar con las mujeres de la iglesia. Helen Sanders era la presidenta del Club Cristiano de Mujeres de Negocios en Hawaii y de regreso del Japón, tuve la oportunidad de asistir a una de sus reuniones en un hotel muy grande. Y qué sorpresa la mía al enterarme que ese día que yo era visitante, la hermana del Presidente Jimmy Carter, Ruth Stapleton, era la oradora.

Cuando yo llegué, los Sanders acababan de terminar de preparar algunos de los cuartos para huéspedes y les habían quedado lindos. Durante mi visita allí, me hospedé en un apartamento lindo y disfruté descansando y relajándome de ida y de vuelta del Japón.

La familia Sanders también se encargó de organizar excursiones para que pudiera ir de compras y a conocer la isla. Estando en Hawai uno debe comprar un "muumuu" (un vestido hawaiano).

El 18 de octubre tuve un pequeño accidente que no ha dejado de molestarme desde entonces. Estando de visita en una de las playas bellísimas, me caí y me lastimé la rodilla. Yo pensé que había sido sólo algo sin importancia, pero el sábado en la mañana me desperté con un gran dolor y tuve que ir a que me sacaran radiografías. Gracias a Dios no tenía huesos quebrados, pero sí tenía una torcedura muscular muy severa. Durante de mi visita en Japón, la rodilla no dejó de molestarme.

Cuando salí de Hawai llevaba conmigo recuerdos muy cálidos y entonces viajé al Japón, en donde había mucho frío. Cuando llegué a Tokyo era muy tarde y estaban en medio de

Panamá bajo otra luz

pleno invierno. Yo nunca antes había estado en el Japón, pero muchas gentes me habían dicho que en Tokyo había muchísima gente. También me habían advertido que el aeropuerto podía estar congestionado, y aún con todo, no estaba preparada para las masas de gente que había en el aeropuerto. Tuve que pasar por la aduana y empezar a buscar mi equipaje. Las maletas estaban amontonadas en una esquina, y no sabía cómo iba a encontrar las mías en medio de semejante bulto.

Me detuve, cerré mis ojos y oré: "Señor, toca a alguien en Panamá de entre las que me prometieron que orarían por mí, y dirígelas a orar por mí en este momento".

Mientras estaba orando, alguien que estaba detrás de mí me dijo: "Señora, ¿le puedo ayudar con algo? ¿Está buscando algo?"

Inmediatemente tuve que decir: "¡Gracias, Señor!" Con qué rapidez había contestado mi oración. Cuando llegué de regreso a Panamá estaba decidida a averiguar si estas mujeres habían orado por mí en ese momento y me enteré que una de ellas estaba orando por mí en ese mismo instante. El desconocido encontró mis maletas y me llevó a la puerta de salida en donde Samuel, uno de los hijos de Fred Hersey, me estaba esperando.

Cuando me vio me dijo: "Vamos a tomar un taxi para que nos lleve a la estación del tren". Cuando llegamos a la estación, este jovencito muy especial que me acompañaba, iba cargando mis maletas. El se acercó a la orilla de la plataforma y yo nunca en mi vida había visto semejante cantidad de gente. Gente maravillosa, y muchas esperando la llegada del tren. Samuel me dijo: "El tren va a parar aquí. Párese detrás de mí y cuando vea que las puertas del tren se abren para que salgan los pasajeros, usted se sube tan rápido como pueda y consigue un asiento. Después de que el tren empiece a moverse y las gentes empiecen a bajarse en las distintas estaciones, me verá sentado en donde logre encontrar un espacio libre". Yo pensé: "Esto sí que es increíble", pero sí logré encontrar un asiento inmediatamente. Y tan rápido como se había vaciado, el tren se llenó y empezó a moverse de nuevo. El tren estaba lleno de gente y yo no podía ver a mi amigo, pero sabía que podía confiar en él y que estaba sentado en algún lado.

Estando sentada, empecé a observar a la gente para ver qué estaban haciendo. La mayoría iba leyendo el periódico, aún los que estaban de pie. El tren empezó a moverse rápidamente, parando en otras estaciones que quedaban en el camino. La gente, poco a poco, se fue bajando del tren.

Finalmente, logré ver a mí amigo y él me dijo que el viaje sería largo. El y su familia vivían muy lejos de Tokyo. Cuando al fin llegamos a su estación, el tren estaba casi vacío y mi amigo me dijo: "Aquí es donde nosotros nos bajamos". Tuvimos que bajar rápidamente porque el tren no esperaba por nadie.

En la camionetilla vi a Evelyn, la esposa de Fred y me dio mucho gusto verla. Yo me había puesto botas porque hacía mucho frío y todo lo que anhelaba era llegar a su casa y sentarme junto a la chimenea para calentarme un poquito. Evelyn me advirtió que tendría que quitarme las botas en el portal de la casa y en donde ya habían otros zapatos.

"Evelyn, hace tanto frío. ¿Estás segura que tengo que quitarme las botas?"

"Sí, lo siento mucho. Tienes que quitarte tus botas". Me las quité y entramos a la casa. Fue un gran gozo estar allí con toda la familia, aunque esa noche mi visita no fue muy larga. Estaba muy, muy cansada. Mi cama sería en la litera inferior junto con Vivian, la hija de la familia. ¡Y qué sorpresa tan placentera la que tuve al meterme bajo la frazada porque era una eléctrica, y con el calorcito me dormí de inmediato!

Al día siguiente, la voz de Fred me despertó. Yo no lo había visto la noche anterior ya que llegaba a su casa muy tarde después de terminar de dar su clase. Mientras estábamos desayunando me informó que íbamos a ir al día siguiente a Sapporo, en el norte del país, para encontrarnos

Panamá bajo otra luz 145

con los demás misioneros. Estaríamos hospedándonos en el Hotel Americano que había sido construido por los japoneses para los esquiadores olímpicos.

Ese día Fred me llevó a visitar Tokyo y al final del paseo, paramos en el Monte Fuji al cual subimos más de la tercera parte. Era un día claro y bello y esa experiencia fue maravillosa para mí, un viaje bellísimo para ir a visitar un monte espectacular.

Aunque no teníamos mucho tiempo, fue un viaje agradable en el cual compré recuerdos y me quedé maravillada de la manera en que Fred manejaba a través de esa gran ciudad, una de las más grandes del mundo. Esa noche, llegué a su casa, cansada después de un día maravilloso. Estaba muy agradecida a Fred por su gentileza para conmigo.

La temporada que pasé con la familia Hersey me deleité muchísimo y también tuve la oportunidad de darle un mensaje a un grupo de mujeres japonesas y de asistir a los servicios en la iglesia.

Al día siguiente viajamos en avión a Hokkaido. El capitán Richard Yerby se juntó con nosotros en Tokyo para ir a la conferencia.

En el norte estaba nevando y hacía mucho frío. El Hotel Americano era hermoso y muy americano en muchas formas. Los japoneses hicieron cosas muy agradables para nosotros, como por ejemplo, todos los días contábamos con un plato de fruta fresca. Recuerdo que los caquíes estaban maduros y yo nunca antes los había probado. Los probé y me encantaron, y todos los días de nuestra estancia, los pude disfrutar.

Al llegar, subimos en el ascensor hasta llegar a un cuarto para conferencias muy amplio y me dio un gran placer ver a todos los otros misioneros. Entre los presentes estaban Jerry y Janice Banks, Jim y Olena McLain, Wesley y Aileen Calvery y Fred y Evelyn Hersey, quienes formaban el personal de misioneros en aquel entonces. El capitán Richard

Yerby, asistió a la conferencia conmigo y los demás misioneros, aunque él no formaba parte de la Junta de Misiones Foráneas de la Iglesia Bautista Libre. La conferencia duró varios días.

No hay duda que el Señor había planeado esta conferencia. Yo acababa de terminar un curso con Bill Gothard en Atlanta. Este curso sobre relaciones interpersonales, cubrió muchas de las necesidades que desesperadamente tuvimos en todas partes. Recuerdo muy bien un curso que fue muy eficiente sobre el tema del "Perdón". Estos cursos, que aprecié muchísimo fueron de gran bendición, y los mismos que compartí como lecciones de la vida con los misioneros. Fueron precisamente lo que necesitábamos en nuestras vidas, especialmente en nuestras relaciones interpersonales. Pasamos varios días estudiando a fondo ciertos temas y el Señor nos bendijo profundamente. Todos pudimos sentir la bendición especial de Dios durante los días que compartimos juntos. El hermano Fred fue una gran ayuda para mí durante esos días, y yo se lo agradecí muchísimo.

Cuando terminamos todos los misioneros regresaron a sus iglesias y Aileen se quedó conmigo en el hotel. Allí logré visitar a algunas de nuestras gentes y luego, finalmente, iría al hogar de Wesley y Aileen Calvery en otra provincia. Una vez más, tuve que tomar un tren que iba en dirección al sector noreste de la sección de Hokkaido. El día que salí, empezó a nevar y ver la caída de nieve a medida que viajábamos a través de las montañas fue algo bellísimo.

Mi visita con la familia Calvery fue maravillosa. Los alumnos a los que Wesley les estaba dando clases, llegaron vestidos en sus uniformes escolares. Eran jovencitos encantadores que apenas empezaban a conocer el Evangelio. ¡Qué gran desafío! Yo pasé una tarde con estos estudiantes, pero como resultado, varios meses después de que regresé a mi casa, recibí una carta de uno de esos alumnos (véase las páginas 147-148). Yo sólo puedo confiar en Dios y orar

Panamá bajo otra luz 147

deseando que este joven verdaderamente le entregó su corazón y su vida al Señor Jesucristo.

Después de muchas oportunidades que tuve de hablar en las iglesias y conocer a muchas gentes japonesas, estaba lista para regresar a Hawai el 8 de noviembre. Fue encantador contar nuevamente con un lugar en el cual poder descansar en la casa de la familia Sanders.

En el Japón aprendí un proverbio japonés: "Si no abre la puerta y mira quién es, nunca lo sabrá". Los misioneros y yo habíamos abierto la palabra de Dios y habíamos recibido una gran bendición en momentos de oración todos juntos. Yo había visto a la gente japonesa, a los creyentes y a los inconversos y ahora también había averiguado más sobre los misioneros y las oportunidades que tenían, además de los problemas que enfrentaban. También había aprendido más sobre los japoneses y sus necesidades espirituales. La mano del Señor había estado presente trayéndonos a todos al mismo lugar y al mismo tiempo. Aunque estaba agotaba al llegar a Hawai, el comentario que había escrito en mi diario había sido: "Me siento feliz de haber venido aquí".

A continuación está la carta escrita para el Club Inglés, Colegio Hakuyi en la ciudad de Kitami, Hokkaido, Japón.

29 de noviembre de 1974

Querida Sra. Willey:

Sentimos mucho haber tardado tanto en escribirle. Apreciamos haber podido pasar un tiempo maravilloso con usted el día en que la conocimos. Nunca nos imaginamos que tendríamos un rato tan valioso. Asistimos a la capilla como siempre, pero nos sorprendimos y deleitamos mucho.

Ah, el otro día visitamos la capilla para aprender inglés. Luego, mientras estábamos pensado en usted, cantamos una canción, pues la canción está escrita en español. ¿Conoce usted esta canción? El título es: "Santo Espíritu". Estas son las palabras. Cantemos esta canción. Ya que estamos planeando una fiesta navideña, la vamos a cantar.

(Siga las palabras del coro en español).

SANTO ESPIRITU LLENA MI VIDA

Santo Espíritu, llena mi vida,
Pues por Cristo yo quiero brillar,
Santo Espíritu llena mi vida,
Usame las almas a salvar.
Alabanzas, alabanzas
Alabanzas doy a Cristo el Rey,
Alabanzas, alabanzas
Alabanzas, doy al Rey.

Nunca nos olvidaremos que cantamos juntos y que pudimos escuchar su mensaje poderoso y persuasivo con el cual quedamos muy impresionados. Esperamos que pueda venir al Japón otra vez. Sentimos mucho tener que despedirnos.

Finalmente, nos gustaría decir: "Queremos tener el 'amor' tan importante del cual nos habló, mientras tengamos vida."

"Yo teke re" (Yo te quiero)
Sinceramente,

P. D. Me tomó tres horas escribir esta carta.

El Poder de Dios en Panamá

Cuando regresé a Panamá, las mujeres cristianas me llamaron para decirme que estaban listas para empezar un grupo en la ciudad de Panamá. Habían planeado un programa para una reunión a la hora del almuerzo. Juntas buscamos el mejor restaurante en donde las mujeres que trabajaban fuera del hogar pudieran juntarse para el almuerzo al medio día. En un hotel muy lindo encontramos uno y así empezó nuestro ministerio en 1979. Ruth Denton, una amiga muy querida y que fue la Cónsul del Canadá por varios años, me escribió recientemente y me contó que los almuerzos todavía continúan. Varios años después de mi partida de Panamá, fue de visita al país durante la época navideña y cuando llegué, las mujeres me informaron que yo tenía a cargo la plática para el almuerzo del martes. Me sentí emocionadísima de enterarme que todavía se estaban juntando cada semana. Ese martes, tuve el gran privilegio de dar el mensaje.

Los americanos de la zona del Canal estaban cerca de la ciudad de Panamá. Durante esos años conté con muchos amigos de la Zona que me ayudaron mucho. Una familia que recuerdo con mucho cariño es la de Leonard Urback. Estos amigos amaban al Señor con todo su corazón. Leonard era ingeniero y tenía una posición muy importante con el canal y fue una de las pocas personas que se quedó en Panamá después de que los Estados Unidos se retiró del país. Cuando me mudé a mi propio apartamento y necesitaba que alguien me ayudara a colgar cuadros o cortinas, sabía que podía contar con Leonard. No recuerdo ni una sola vez en la que haya llamado a Leonard con alguna necesidad y él no me hubiera ayudado. Durante mi estancia en Panamá, el fue un hermano en la fe muy querido. Mi amistad era con toda la familia y cuando finalmente salieron de Panamá hace unos años, se instalaron en Asheville, Carolina del Norte.

Después de la muerte de Ruth, Tom y los niños permanecieron en Panamá tres años más, hasta que se llegó el tiempo de su año de descanso en los Estados Unidos. Cuando Tom y su familia regresaron a los Estados en 1975, yo me quedé en Panamá. Vivía en un apartamento en el cuarto piso de un edificio de apartamentos. Mi obra estaba creciendo tanto que necesitaba la ayuda de alguien más. Empecé a orar que el Señor me enviara a una joven para que me ayudara con el trabajo de oficina y todas esas cositas adicionales que tenía que hacer.

En aquel entonces una amistad en Perry, Florida me escribió esta carta: "Tengo a la joven perfecta para ti. Es graduada de la Universidad Bob Jones y ha estado dando clases por varios años pero ahorita está sin trabajo. Creo que estarías interesada en ella. Haremos los arreglos para que te vaya a visitar". Y así fue que me enviaron a Ethel Holton y ella se convirtió en el regalo más grande que cualquiera me hubiera podido dar. Era exactamente el tipo de joven que yo necesitaba. Ethel se hospedó conmigo y juntas pasamos momentos muy agradables. Después de unos años, se convirtió en mi nuera y me ha dado dos motivos más de gran gozo, dos niñitas preciosas llamadas Elsbeth y Laura.

Ethel y yo compartíamos en nuestra vida de oración y recuerdo algunas de las cosas por las que oramos. Primero oramos por los dueños del edificio donde vivíamos. El señor había sido embajador para el gobierno y había vivido en muchos países. El último país en donde había vivido había sido Inglaterra. Mi apartamento quedaba junto a donde él y su familia vivían. El y su familia habían decho "tenemos que tener mucho cuidado al escoger quién se mudará junto a nosotros". Me imagino que a mí me consideraban digna de confianza. Con el tiempo nos hicimos muy amigas de la familia Boyd y Ethel y yo empezamos a orar para que le entregaran sus corazones al Señor. Todas las mañanas, bien tempranito, veía a la señora, su nombre era Lastenia, pasando por nuestro apartamento y yendo hacia la iglesia con rosario y libro de oración en mano. Yo me dije a mí misma: "¡Ay! Esta mujer tiene el corazón tierno y debemos ganarla para el Señor". Ethel y yo empezamos a orar todos los días por ella y oramos casi por un año cuando una mañana, muy tempranito, me vino a ver para decirme: "Mabel, quiero que ore por mi hijo". Me contó que su hijo había estado viviendo en Costa Rica y que el día anterior se había metido en problemas y estaba en la cárcel. Ella estaba muy preocupada por su bienestar.

"Claro que sí, sería un placer para nosotras orar contigo". Eso abrió las puertas para que pudiéramos compartir con ella la palabra de Dios y hablarle del Señor.

Un día me vino a ver y su cara estaba radiante. Con emoción me dijo: "Mabel, tengo algo que decirte. Hoy en la mañana me arrodillé junto a mi cama y le pedí al Señor que entrara en mi corazón y mi vida y El lo hizo. Ahora sé que le pertenezco a El". ¡Qué momentos tan maravillosos los que pasamos y qué gozo nos dio! Después de eso, ella a menudo venía a orar con nosotras y meses después cuando empezamos a tener los almuerzos con el Club de Mujeres Cristianas, ella siempre estaba presente. Espero que todavía esté yendo.

Un día le sucedió algo trágico; su esposo se estrelló en su carro contra un árbol y se murió. En esos momentos cuando se sentía muy triste, podíamos orar con ella y consolarla. El Señor no se apartó de ella durante ese tiempo y su testimonio fue muy conmovedor.

En esos tiempos, el Señor estaba obrando en gran manera en Panamá. Lollie Levy, la esposa de un hombre de negocios de la ciudad de Panamá, se convirtió en una gran amiga para mí. Ella es una mujer muy inteligente y es una de las mujeres en Panamá que estuvo muy activa en buscar maneras de mejorar el modo de vida de los panameños. Con frecuencia ella me pedía que fuera de compras con ella en su carro muy lujoso y con chofer. Cuando yo visitaba la ciudad, siempre la llamaba por teléfono y ella solía enviar al chofer para que me fuera a traer y me llevara a visitarla a su casa. ¡Esa era Lollie!

Un día me dijo: "Quiero que conozcas a esta amiga que es amiga íntima del Presidente de la República. ¿Estarías dispuesta a ir a visitarla?"

Yo le contesté: "Sería un placer hacerlo".

Lollie le dio una llamada e hizo los preparativos para que pudiéramos ir a visitarla. Su amiga Gloria vivía en un condominio junto al Holiday Inn. Era un edificio redondo muy hermoso. Era la Secretaria del Presidente Torrijos y tenía un teléfono directo a su despacho. Era muy conocida y muchas gentes le pedían favores todo el tiempo porque sabían que tenía influencia con el Presidente.

Cuando yo la conocí, me cayó bien inmediatamente. Era viuda y tenía dos hijos, una hija en la universidad en Washington D. C. y un hijo que vivía en Panamá. En aquel entonces, tenía a su cargo el cuidado de sus padres, y nos hicimos muy buenas amigas.

Un día me preguntó: "¿Si te llamo algún día cuando tenga una necesidad muy especial, orarías por mí?"

Yo le contesté: "Por supuesto que sí". Nuestra amistad continuó por unos seis u ocho meses y luego ella se enfermó y el Presidente Torrijos la internó en su "suite" privada en el hospital. Ella me pidió que la fuera a visitar. Ya que hablaba inglés perfectamente y le encantaba leer le llevé un par de libros, un Nuevo Testamento pequeñito y un libro titulado *Born Again*. Ella me agradeció muchísimo que le hubiera llevado estos libros. Después de eso dejé de verla por varios meses, hasta que ella me llamó.

"¿Puedo ir a verte a tu apartamento?", me preguntó ella. "Mi hija y yo tenemos un problema y necesito que ores por nosotras".

"Claro que sí", le contesté.

"Te veo a las ocho en punto", ella me dijo.

Ella era una mujer sumamente activa y muy querida. A las ocho en punto llegó a mi apartamento y me habló sobre su hija, pidiéndome que orara por ella. Después de orar la vi sentada en mi sillón muy amplio y le dije lo siguiente:

"Gloria, ¿esta no es la única razón por la que viniste a verme esta mañana, verdad?"

Ella me contestó: "No Mabel, no lo es. Quiero aceptar al Señor". No se imaginan cómo saltó mi corazón de alegría.

"Está bien", le dije. "Ven y arrodíllate aquí junto al sofá. Otras personas se han arrodillado aquí para aceptar al Señor. El está esperando por ti". Oramos juntas y esa mujer tan querida y maravillosa aceptó al Señor. Ojalá pudiera compartir con ustedes todo lo que sucedió después de eso. Su conversión abrió las puertas de par en par para nosotros los misioneros.

Un día ella me dijo: "Tengo muchos amigos en posiciones muy importantes, pero todos necesitamos al Señor. Ellos confían en los dioses que tienen por acá, pero necesitan al Señor, igual que yo. ¿Podrías empezar un estudio bíblico en mi condominio?"

"Por supuesto, Gloria". ¡Esa era precisamente la oportunidad que había estado esperando!

Después ella me dijo: "Bueno, ¿y con cuántas personas quieres empezar?"

Mi respuesta fue una conservadora: "Cinco o seis".

"No", me dijo ella, "si tengo a unas veinticinco o treinta, ¿te parecería bien?"

¿Veinticinco o treinta? ¡Casi no podía creerlo!

"Sí, eso sería bueno", logré contestarle.

El estudio lo empezamos en el apartamento de Gloria en el tercer piso y en su sala tenía una alfombra blanca bellísima que cubría el piso. Debido a que ella había viajado por todas partes había decorado su casa con arte de todas partes del mundo. Y siendo fiel a su palabra tenía allí a un grupo de mujeres para empezar el estudio bíblico. En este lugar tan bello, empezamos un estudio bíblico que duró todo el tiempo que estuve en Panamá. Despedirme de ese grupo de mujeres fue una de las cosas más difíciles que tuve que hacer al salir de Panamá.

Después de mi llegada a los Estados Unidos al dejar Panamá, no supe nada de Gloria por casi un año. No sabía qué estaba haciendo ni dónde estaba. Desde Miami, llamé por teléfono a su mamá y me dijo que Gloria estaba en los Estados con su hija y me dio su número de teléfono en Washington, D. C.

Estaba feliz de saber dónde estaba Gloria, pero oré rápidamente y le dije al Señor: "Señor, no sé cómo está

Gloria ahora, pero si aún te sigue fielmente, por favor házmelo saber".

A continuación llamé al número en Washington y Gloria contestó el teléfono.

"Gloria, es Mabel".

"¡Ay, Mabel! Que agradecida le estoy al Señor. Le acabo de pedir que me ayudara a localizarte".

Casi me puse a llorar de la emoción. En ese instante supe que Gloria estaba bien espiritualmente.

Ella me dijo: "Mañana voy a estar en Miami, ¿me puedes dar un tiempito?"

"Te puedo dar todo el tiempo que quieras".

Al día siguiente nos vimos y la pasamos juntas todo el día. No estoy segura por donde anda Gloria ahora, pero de una cosa sí estoy segura; de que todavía está sirviendo al Señor.

En aquéllos días, el Señor hizo cosas maravillosas. Mi ministerio había sido totalmente distinto al que había tenido antes. Todavía estaba dando clases de estudio bíblico, aunque anhelaba profundamente que uno de los varones de la iglesia fuera el que las diera. Los que tomaban la clase los domingos en la mañana eran unos sesenta o setenta, y muchos eran hombres. Yo quería que Carlos Urbina, un banquero que siempre estaba presente, diera las clases. El Señor había hecho grandes milagros para él. Y eso fue exactamente lo que sucedió. Este hermano tan, pero tan querido tomó mi lugar dando las clases y aún las da en la actualidad.

El estudio bíblico que empecé en la casa de Gloria abrió muchas puertas y las mujeres que asistían a él fueron de gran, gran ayuda en la conversión de muchos otros. Fue increíble, pero entonces, las cosas empezaron a cambiar en Panamá. Torrijos se murió en un accidente en un avión que se estrelló y el hombre que ocupó su lugar fue precisamente el que Gloria no quería que lo hiciera. Después de eso, el país empezó a cambiar mucho.

Vuelo a Israel (27 de febrero al 5 marzo de 1980)

En 1978 me encontraba en los Estados Unidos en Kansas City para la Convención Anual de la Iglesia Bautista Libre. De Kansas City planeaba viajar en avión a Wheaton para visitar a la familia Ballard y a la familia Melvin. Winston Sweeney me platicó durante la convención y me pidió que estuviera presente en su iglesia ese domingo. El nombre de la iglesia era "Fellowship Church" y estaba localizada en Kingsport, Tennessee.

Yo le contesté: "No voy a poder. Ya tengo mi pasaje para tomar el vuelo a Wheaton".

El hermano Sweeney me contestó: "Entonces puede estar presente en el servicio de mi iglesia el domingo y después yo la envío por avión a Wheaton".

"Pero yo ya le prometí a estas gentes que estaría allí".

"Trate de ver si puede conseguir un pasaje para volar hacia el Aeropuerto TriCities".

Cuando traté de hacerlo los asientos ya habían sido asignados así que pensé que después de todo me iría a Wheaton; pero el hermano Sweeney me dijo que había encontrado a una pareja que iba rumbo a Knoxville y que ellos me llevarían.

Así estaban las cosas, ¿qué más podía hacer yo? Ahora tenía que ir. Aún con todo el cariño que le tenía a los hermanos de su iglesia, "Fellowship Iglesia Bautista Libre", en Kingsport, me sentí un poco obligada a ir y no de muy buena gana.

El domingo por la mañana en el servicio estaba sentada en la primera fila porque el hermano Sweeney me había pedido que compartiera unas palabras. Cuando estaba presentando las actividades de la semana y dando los anuncios para los días venideros, dijo de repente: "La Sra. Willey está aquí con nosotros esta mañana porque tenemos un regalo para ella, y es un viaje a Israel".

¡Imagínense cómo me sentí! Por un momento me sentí muy mal pues él había estado tratando de hacer algo maravilloso para mí y yo estaba decidida a hacer algo distinto.

Este regalo es un reflejo de esa congregación tan generosa, dadivosa, cariñosa y amable que ha hecho tanto por tantos durante los años.

El plan era viajar en 1979 pero cuando estaba alistándome para ir, recibí noticias de que mi hermano, que estaba en Atlanta, había fallecido. Tuve que cancelar mi viaje y posponerlo hasta el año siguiente, 1980.

Ya hacía tiempo que había tenido deseos de visitar Israel. Aunque Israel me encantó, disfruté mucho la compañía de las personas que participaron del viaje. El nombre de nuestro guía era Joseph y era un guía excelente.

El domingo 2 de marzo cuando nos levantamos, descubrimos que había habido una tormenta de nieve en Jerusalén. Ese día escribí en mi diario: "Estamos atrapados por exceso de nievo, no podemos movernos. ¡Reposo!"

A eso de las diez en punto, el hermano Sweeney nos dijo: "No podemos salir así que vamos a tener un servicio aquí mismo". Lo increíble fue que me pidió a mí que compartiera con ellos un mensaje. Primero traté de poner excusas y le hice notar que en el grupo habían una gran cantidad de predicadores. Recuerdo muy bien que estaban presentes James Earl y Doris Raper, los Sutton de Carolina del Norte y por supuesto, el hermano Sweeney.

El servicio lo tuvimos en el salón del hotel llamado "Embassy". Las 68 personas que formaban el grupo estaban presentes y tras su insistencia de que yo diera el mensaje, lo hice, y el Señor lo bendijo. Juntos, tuvimos un servicio bellísiimo.

Unas de las personas comentaron: "Poder caminar donde Jesús caminó es maravilloso, puedo sentirle cerca, muy cerca", aunque sentí ganas de contestar: "Pero no es distinto aquí, pues El anda conmigo en Panamá todos los días".

El viaje fue una experiencia maravillosa para mí y me siento muy agradecida con la "Iglesia Fellowship" que me permitió ser partícipe de semejante privilegio.

Saliendo de Panamá

En la época en que la situación política de Panamá empezó a cambiar, la Junta de Misiones Foráneas quería que me regresara a los Estados Unidos. Les preocupaba que me fuera a enfermar estando fuera de mi país. Habían sugerido que regresara a los Estados Unidos y empezara un ministerio aquí, pero yo no podía ni pensar en abandonar el país. El Señor estaba bendiciendo el ministerio de gran manera, pero aún con todo El propone y yo estaba dispuesta a seguirlo adonde me llevara. Así que en septiembre de 1980, regresé a los Estados Unidos.

Mi llegada a los Estados no provocó el fin de mi ministerio y en mi boletín fechado 30 de julio de 1980, escribí lo siguiente:

Si la siguiente etapa de mi vida será tan bella y bendecida como lo han sido los últimos diez años que he vivido en Panamá, me apresuro en ir hacia ella. Mi preferencia sería pasar el resto de mi vida en Panamá, pero no es mi voluntad sino la Suya que debe hacerse. No parece ser que una puerta se está cerrando, sino más bien que otra se está abriendo para mí.

Aunque dejé parte de mi corazón en Panamá, le aseguré a mis patrocinadores que seguiría siendo misionera, que sólo cambiaría de localidad.

Capítulo 15

Visitando Cuba nuevamente

Con el paso de los años nunca dejé de pensar en mi querida gente cubana. Al principio parecía que sería imposible regresar al país, ni siquiera para visitar. Diecisiete años después de salir de la isla, me permitieron regresar y luego fui cuatro veces más para presenciar la belleza de la isla y el dolor que existe en Cuba.

1977: Primer viaje

Mi primer viaje de regreso a Cuba fue en 1977 con Ethel Holton. En ese entonces estaba viviendo en Panamá y ella era mi asistente en la obra.

En Panamá tuve oportunidad de conocer al embajador cubano. Lo visitaba con frecuencia y él me prometió que haría todo lo posible para conseguirme una visa; y eso fue lo que hizo.

Los cubanos en Miami me enviaron cajas con cosas para que les llevara a sus parientes y estaba cargada con paquetes y encargos. ¿Cómo iba a saber yo que no debía cargar con todo ese equipaje?

Mi viaje fue directo de Panamá a Cuba y sin Ethel no habría podido sobrevivir. Cuando llegamos a la Habana, nos confiscaron todo el equipaje. Después de varios días nos exigieron que pagáramos en dólares si lo queríamos de regreso. No teníamos dólares, pero un pastor presbiteriano que había volado desde Panamá con nosotros tenía unos dólares y nos dio ese dinero para usarlo para recoger nuestros paquetes. Esa vez aprendí mi lección y nunca más volví a hacer eso.

El viaje fue fabuloso. Para mí fue un grandísimo gozo ver que la iglesia estaba muy activa y me dio mucha alegría poder estar de nuevo con los cubanos cristianos. La obra entre las mujeres era sólida y llena de vitalidad.

Aunque tuvimos que tener cuidado con lo que decíamos y con lo que hacíamos, no tuvimos ningún problema. El Señor estuvo con nosotros y los cubanos se quedaron encantados con Ethel, por lo que el viaje fue una tremenda bendición para ella también.

1982: El viaje del cuadragésimo aniversario

Yo estaba sumamente emocionada de saber que iba a ir a Cuba para el cuarentavo aniversario de la fundación de la Iglesia Bautista Libre en Cuba. La reunión se llevaría a cabo del 2 al 8 de agosto en Los Cedros del Líbano. Bill Jones iba a asistir conmigo y ambos nos quedamos muy decepcionados cuando no le otorgaron la visa de entrada. Yo tuve que viajar sola.

El viaje en 1977 no había revelado mucha pobreza o sufrimiento, pero en este viaje se me partió el corazón al ver todo lo que pasaban los cubanos. Era muy difícil conseguir comida y la ropa de todos estaba en malas condiciones. Los carros americanos eran modelos de 1950 que aunque estaban viejos habían sido bien cuidados y eran muy cómodos. Ya hasta se me había olvidado cuánto más amplios eran los carros en aquel entonces comparados con los de ahora.

Como siempre, quedé muy impresionada con Cuba, país muy bello, muy, muy bello. En Cuba las palmas crecen como en ningún otro país del mundo. Esta vez tuve oportunidad de visitar el Valle de Viñales, que es el lugar más bello que cualquiera puede desear ver.

Los servicios en el seminario incluyeron el grupo de jóvenes y el propio de la convención. Yo compartí mis mensajes con los jóvenes, me reuní con las mujeres y también di mensajes durante los servicios de la convención. Los jóvenes eran maravillosos. Unas 168 personas asistieron a la

Visitando Cuba nuevamente　　　　　　　　　　　　　　*161*

convención y yo anoté en mi diario: "Sus rostros son hermosos, cantan como los ángeles, pero ay, su ropa es atroz". Sus zapatos no siempre eran del tamaño apropiado y estaban muy desgastados. Aun así, un espíritu muy lindo pareció envolver los servicios.

Yo compartí mensajes con los jóvenes todos los días, hasta el miércoles. Ellos empezaban su día a las siete de la mañana. Era bellísimo verlos arrodillados por todas partes de la iglesia. El martes el Espíritu Santo verdaderamente tocó muchos corazones. Tuvimos un servicio increíble y el altar se llenó de gentes y los pasillos estaban llenos de hombres y mujeres llorando, dedicando sus vidas al Señor. Las historias de muchos de ellos le partían a uno el corazón pero yo los veía a ellos como lirios en medio del lodo.

¿A dónde se han ido todos los años? Parece como si fuera ayer cuando vivía aquí. En el colegio existe una gran paz a pesar del desgaste de los edificios y la falta de cosas que existe. ¡Allí no hay crímenes, ni asesinatos, ni teléfonos, ni refugiados, no prisas!

La casa en la que nosotros vivíamos estaba en pésimas condiciones, pero el sitio todavía es lindísimo. Las palmas son bellísimas y majestuosas y el molino de agua aún existe.

Después de la reunión de jóvenes la gente empezó a llegar para la convención y para celebrar el cuarentavo año. Un huracán que recientemente había azotado la isla, había dañado algunos de los edificios del campus y el camino que conducía al colegio estaba en muy malas condiciones. A mí me llevaron en una carreta de madera guiada por un caballo. Los carros sencillamente no podían pasar por el camino. Pero unas 400 gentes se congregaron para el servicio, algunas de ellas viajando casi 24 horas.

La celebración empezó el jueves 5 de agosto. Yo di un mensaje todos los días de la convención, dando mi mensaje final el domingo en la tarde con una porción de Daniel 11.

Para mí, el punto culminante de la convención fue el sábado 7 de agosto, ¡fue un día inolvidable! Ese día recibí una gran sorpresa. Estas gentes habían trabajado muchísimo y qué gran labor de amor había sido. El servicio había empezado esa noche como a las 9:30. La música estuvo bella y dos de las mujeres habían formado un coro nacional incluyendo voces de cada una de las iglesia y cantaron lindo.

La asociación me honró con unos poemas bellísimos y con grandes elogios para mi esposo. Luego me entregaron flores y regalos de parte de cada una de las iglesias. Yo me lo traje todo de regreso en una caja de cartón amarrada con una pita. Eso era lo mejor que podían dar.

Como punto seguido destaparon un velo y me enseñaron una pintura al óleo bellísima de mi esposo. Le habían pedido a un pintor cubano que pintara el retrato. Años después doné la pintura a nuestro instituto bíblico en Nashville y ellos la colocaron en la biblioteca en donde se encuentra hasta el día de hoy. En aquel momento lo único que pude pensar fue: "Yo no me merezco esto".

Algo que nos impresionó a todos los que asistimos a la convención fue el hecho de que había cantidad de comida. ¿De dónde venía si estaba toda racionada y a veces hasta los estantes en las tiendas estaban vacíos? Fue como el milagro de la alimentación de los cinco mil.

Las gentes trajeron arroz y frijoles y también teníamos plátanos, malanga y aguacates. Las comidas tenían que ser preparados sobre una fogata afuera de la cocina porque la estuva no funcionaba. Aún así, hubo comida suficiente para todos y todos alabamos al Señor por lo que El había hecho en sus vidas en los últimos cuarenta años.

Yo soy testigo de que la gracia de Dios y Su amor puede sostener a los creyentes en las circunstancias más difíciles y en situaciones increíbles.

A manera que di el mensaje esa última noche, el Señor nos derritió los corazones al unísono dando gracias por el pasado, y también renovó nuestra visión para el futuro. Estábamos seguros y confiados que El termina fielmente todo lo que ha empezado.

Visitando Cuba nuevamente   *163*

En aquel entonces teníamos seis pastores en Cuba con dieciseis iglesias y varias misiones. Estos pastores fieles no habrían podido avanzar la obra sin la ayuda de laicos fieles y habilidosos. Dieciseis de nuestros pastores que tuvieron que salir de Cuba se encuentran en los Estados Unidos y catorce de ellos se encuentran en el servicio cristiano a tiempo completo. Los otros dos son obreros fieles en las iglesias.

Antes de salir de Cuba, tuve el privilegio de ir a la provincia de la Habana, donde nos ubicamos cuando primero llegamos al país. También pude ver la primera casa en la que habíamos vivido hace tanto tiempo y los recuerdos me llenaron la mente.

1987: Viajando a la convención con Tom

En 1987 viajé a Cuba con mi hijo Tom durante los últimos días de febrero y hasta el principio de marzo.

Ese año la convención tuvo una gran asistencia y nos alentó mucho presenciar el crecimiento de la iglesia bajo semejantes condiciones adversas. La música y las actividades de los jóvenes fueron emocionantísimas. Cuatro de los jóvenes estaban planeando matricularse en el Instituto Bíblico World Team, situado al centro de la isla. El colegio está a cargo de unos cuantos canadienses, junto con la ayuda de profesores y administradores cubanos. Todos estos jóvenes eran graduados de la Universidad de la Habana y sentían que Dios les estaba haciendo un llamado para propagar el Evangelio a su gente.

Estando en Cuba pude darme cuenta que las palmas reales aún adornan los campos de este país comunista. Los valles, los cerros y las playas tan hermosas aún hacen de Cuba una de las islas más notorias en este mundo. Cuba podría ser un paraíso.

Una mañana tomé una caminata alrededor del campus del colegio y luego me desvié hacia lo que solía ser nuestra casa. En mi corazón, me llené de alabanzas porque a pesar del hecho de que existe tanta escasez, entre la gente existe un amor profundo y sincero por Dios y yo lo pude percibir. Un gozo y paz me llenó el corazón esa mañana, y tuve deseos de quedarme allí.

1988: Reinauguración de Los Cedros del Líbano

En 1988 tuve el privilegio de visitar Cuba nuevamente con mi hijo Tom y el Dr. Melvin Worthington, Secretario Ejecutivo de la Asociación Nacional de Bautistas Libres, Inc. El propósito del viaje era para presenciar la reinauguración y dedicación del seminario. La visita fue del 27 de septiembre al 9 de octubre.

Los servicios fueron maravillosos y a cada iglesia que visitábamos varias congregaciones participaban en las actividades y la cantidad de gentes asistiendo era tanta que hasta llenaban las calles. En casi cada uno de los servicios hubo profesiones de fe.

En este viaje nos subimos a un volquete para entrar al campus del colegio y logramos llegar hasta la propiedad antes de que se quedara atascado entre el lodo.

El primer servicio para la reinauguración del instituto bíblico empezó el sábado 1 de octubre. Nada más hubo unas 85 gentes presentes ya que el día sábado era "día de trabajo" para todos los empleados públicos (todos los que trabajaban en oficios seculares).

Las gentes que vivían en las propiedades del seminario habían tratado de conseguir pintura y hacer ver el lugar lo mejor posible. Nosotros nos hospedamos en lo que una vez había sido la casa de Tom y Ruth. Las camas eran camas rusas y eran sumamente incómodas.

El domingo en la mañana, a eso de las nueve menos cuarto, yo di el primer mensaje. Para entonces, un sinnúmero de gente estaba entrando al campus. La mayoría llevaba en la mano sus zapatos pues había estado lloviendo toda la semana y el camino era un lodazal. Para el segundo mensaje había en la capilla unas 400 gentes en un lugar con capacidad de 200. A eso de las once de la mañana para ese servicio, autobuses, un camión y una camionetilla habían entrado al campus pues el sol había secado el lodazal. La mayoría de los presentes habían salido de sus casas a las 4:00 de la mañana para poder llegar a tiempo a este servicio.

Durante el servicio, los cristianos rindieron homenaje a los que habían muerto y estaban en la presencia del Señor. También incluyeron un reconocimiento para los que habían permanecido fieles durante los últimos 25 años. Los estudiantes nuevos también fueron reconocidos y todos los presentes se hicieron la promesa de que el seminario nunca más volvería a cerrar sus puertas. El nuevo director del instituto bíblico dio un mensaje sobre el futuro de la institución y el Dr. Worthington presentó el mensaje de dedicatoria con la ayuda de Tom como su intérprete. Yo oré cuando presentó la oración para la dedicación.

¡Qué manera tan tremenda de celebrar el vigésimo quinto aniversario del instituto! Una vez más había sido abierto para capacitar a los jóvenes cristianos para el servicio del Señor

1993: La Convención Nacional Cubana de los Bautistas Libres

En 1993 visité Cuba por última vez con mi nieta Kathy. En aquel entonces, Tom no pudo ir con nosotras, pero el Dr. Melvin Worthington y Anne sí lograron ir. Estos viajes a Cuba fueron muy llenos de emociones para mí. Me sentía feliz de ver a las gentes que había conocido y que tanto amaba y estaba agradecida de ver que la obra continuaba, pero las dificultades que pasaban y su sufrimiento me partieron el corazón.

El 13 de febrero cuando estaba a punto de salir de Bryan, mi hija Bárbara me dio este versículo, Deuteronomio 33:12: "A Benjamín dijo: El amado de Jehová habitará confiado cerca de él; lo cubrirá siempre, y entre sus hombros morará". Y el Señor me dio esta promesa: "Esforzaos y cobrad ánimo; no temáis, ni tengáis miedo de ellos, porque Jehová tu Dios es el que va contigo; no te dejará, ni te desamparará. Y Jehová va delante de ti; él estará contigo, no te dejará, ni te desamparará; no temas ni te intimides" (Deuteronomio 31:6, 8).

En este viaje traíamos equipaje excesivo, medicinas y literatura. El costo había sido de más de $400. Sin embargo, recuerdo bien lo que había dicho un pastor en 1988: "No se moleste en enviar cosas que verdaderamente necesitamos. Mándenos Biblias y literatura". Yo me había dado cuenta que la mayoría de la gente no tenía Biblias y las que tenían estaban viejas y desgastadas. Me sentí feliz de poder traerle literatura a la gente.

Al llegar al colegio nos recibieron con mucho cariño, ¡y la capilla estaba linda!

El viernes 26 de febrero, fue el primer día de la convención. Cantidades de gentes empezaron a llegar y algunas hasta en carros y camiones. La comida abundó y estuvo deliciosa. Entre los presentes hubo doctores que se encargaron de separar las medicinas y nosotros habíamos traído pasta dental y cepillos de dientes y algunos de los cubanos empezaron a distribuirlos entre la gente.

Esa noche cuando estaba preparándome para irme a acostar, se me dobló la rodilla y me caí. Todos corrieron a ayudarme. Tuve dolor por un rato pues me había lastimado el codo y el pecho al caerme y el golpe me había molestado una hernia que tenía.

Otra vez volví a quedarme sin palabras ante las condiciones en las que estas gentes vivían en Cuba. En mi diario escribí: "¡No hay duda que el Espíritu de Dios produce flores bellas en cualquier lugar y bajo cualquier circunstancia!"

Capítulo 16

En el resplandor

En 1989 tuve el privilegio de regresar a Panamá de visita. Mary Ruth Wisehart viajó conmigo y compartimos la responsabilidad de presentar los mensajes para el primer retiro para mujeres de la Iglesia Bautista Libre en Panamá.

Ese año también presenté un mensaje en la Convención Anual de la Asociación Nacional de Mujeres en Tampa, Florida. Kathy, la hija de Tom viajó conmigo para ayudarme en esa ocasión. Tom llegó con un coro de las iglesias cubanas de Miami.

En 1995 volví a tener el privilegio de dar un mensaje durante el Banquete de Compañerismo de la Asociación Nacional de Mujeres en Charlotte, Carolina del Norte. Conté con la gran bendición de tener la compañía de Kathy nuevamente y también T. R. el hijo de Tom y su esposa Alana, fueron a escuchar mi mensaje.

En estos años he tenido oportunidad de presentar mensajes en reuniones femeniles y retiros. También he podido visitar a algunos de mis amigos que viven en el este de Tennessee, en Durham, Carolina de Norte y Nashville, Tennessee. Ha sido un placer poder visitar a mi sobrina nieta Peggy y su familia en el estado de Kentucky.

El Señor me ha bendecido de tantas maneras. He dividido mi tiempo viviendo entre la casa de Tom y Ethel en Miami, Florida y la casa de Bárbara y John en Bryan, Texas.

Si ve mi árbol genealógico podrá notar que Dios me ha bendecido con muchos nietos y bisnietos.

El versículo que escogí para mi vida personal fue Juan 12:25: "El que ama su vida, la perderá; y el que aborrece su vida en este mundo, para vida eterna la guardará".

Aquella noche en Panamá cuando me arrodillé ante la cepa que estaba frente a nuestra choza, entregué mi vida "en este mundo". Dejé en el altar mis deseos por una casa linda, mi esposo y mis hijos y sí, hasta mi propia vida también. Todo fue una ofrenda para el Señor. El me ha honrado y bendecido como lo prometió en Marcos 10:29-30: "Respondió Jesús y dijo: De cierto os digo, que no hay ninguno que haya dejado casa, o hermanos, o hermanas, o padre, o madre, o hijos, o tierras por causa de mí y del evangelio, que no reciba cien veces más ahora en este tiempo; casas, hermanos, hermanas, madres, hijos, y tierras, con persecuciones; y en el siglo venidero, la vida eterna".

El momentó en que me salí por los portales de lo que parecía ser seguro y cómodo, y entré al camino que Dios había escogido para mí, enfrenté tiempos difíciles, algunas pruebas y problemas. También tuve aflicciones y derramé lágrimas; pero Dios me dio un hogar muy bello, muchos hermanos y hermanas, padres y madres, hijos y nietos.

No sé qué es lo que El tiene para mí, de lo que me queda de vida. Sin embargo, espero el momento de la siguiente gran aventura cuando seré como El pues le veré cara a Cara, tal como El es.

Epílogo

El 15 de enero de 1998 a eso de las once de la mañana, la Sra. Willey pasó silenciosamente por el último portal de su vida, y entró a formar parte de la gran aventura. Ella se encuentra ahora en la presencia del Señor. Al momento de su muerte, vivía en casa de su hija Bárbara y su yerno John Moehlman en Bryan, Texas.

Después de un servicio conmemorativo en Fellowship Iglesia Bautista Libre de Bryan, su cuerpo fue enviado a Miami para un servicio funerario en la Iglesia Bautista Libre Ebenezer, donde Benito Rodríguez es el pastor. Su cuerpo fue enterrado junto al sepulcro de su esposo en el Cementerio de Woodlawn en la ciudad de Miami.

Qué apropiado fue escuchar muchas voces cantando al unísono, en español e inglés su himno favorito: "Cual la mar hermosa". Cuánto gusto le habría dado escuchar un servicio traducido al español y al inglés para que "su gente" pudiera entenderlo. Y cuánto se habría regocijado de escuchar al coro formado por voces de personas de todas las iglesias cubanas en Miami cuando cantaban "Maravillosa Gracia".

Su funeral fue una celebración apropiada para honrar a una vida vivida a la gloria de nuestro Señor Jesucristo.

Mary R. Wisehart

Mary R. Wisehart creció cerca del pueblito de Myrtle en Missouri. Después de graduarse de Couch High School en 1950, donde se había graduado con honores, empezó a trabajar para ahorrar dinero para asistir a la universidad. Habiéndole prometido que consideraría asistir al Insituto Bíblico Bautista Libre por un año, decidió matricularse en el otoño de 1951 y allí permaneció treinta y cuatro años, cuatro tomando clases, uno trabajando en la oficina de negocios y veintinueve en el Departamento de Inglés, dando clases. Además de obtener la Licenciatura en Letras en el Instituto Bíblico, también recibió otra Licenciatura en Letras, una Maestría en Letras y un doctorado del Colegio para Maestros George Peabody.

En 1985 renunció a su posición en el instituto para aceptar el puesto de Secretaria y Tesorera Ejecutiva de la Organización Nacional de las Damas Bautistas Libres. Su ocupación finalizará cuando la persona a reemplazarla será aprobada por la convención, para que en septiembre de 1998, ésta se una al personal de la oficina en Nashville.

Mary tuvo la oportunidad de compartir gran parte de sus años en el Insituto Bíblico Bautista Libre junto a Tom Willey Jr., y como es natural, llegó a conocer a fondo a toda su familia.

La Dra. Wisehart es la autora del libro en inglés titulado *Sparks into Flame: A History of the WNAC* (la historia de la Organización Femenil), y que fuera publicado en 1985. Entre sus escritos también se encuentran estudios bíblicos para Casa Randall de Publicaciones y la columna "Words for Women" ("Palabras para Mujeres") en *Co-Laborer* (la revista para las Damas Bautistas Libres) y la página de la Organización Femenil para la revista Contacto y que se titula "Ventana de una mujer en el mundo".